A calma é um caminho sem volta

Publicado por Maquinaria Editorial. Impresso em Pólen Bold 70gm² na gráfica Viena em outubro de 2025.

Diretora-executiva
Renata Sturm

Diretor Financeiro
Guther Faggion

Administração
Alberto Balbino

Edição e coordenação
Clarissa Oliveira

Produção editorial
Karina Kempter

Preparação
Daniele Debora de Souza

Revisão
Carolina Mihoko Massanhi

Ilustrações de capa e miolo
Valentina Fraiz

Projeto gráfico e diagramação
Tiago F. Dela Rosa

Marketing e Comunicação
Matheus da Costa e Bianca Oliveira

DADOS INTERNACIONAIS DE CATALOGAÇÃO NA PUBLICAÇÃO (CIP)
ANGÉLICA ILACQUA — CRB-8/7057

Elboni, Fred
A calma é um caminho sem volta : 12 princípios para cultivar a paz em tempos de pressa e performance / Fred Elboni.
São Paulo: Maquinaria Sankto Editora e Distribuidora Ltda, 2025.
240p.
ISBN 978-65-5348-007-0
1. Autoajuda 2. Paz 3. Desenvolvimento pessoal I. Título
25-4587 CDD 158.1

ÍNDICE PARA CATÁLOGO SISTEMÁTICO:
1. Autoajuda

maquinaria EDITORIAL

Rua Pedro de Toledo, 129 – Sala 104
Vila Clementino – São Paulo – SP, CEP: 04039-030
www.mqnr.com.br

Fred Elboni

A calma é um caminho sem volta

12 princípios para cultivar a paz em tempos de pressa e performance

Dedico este livro aos que me trouxeram paz e consciência nos meus momentos mais turbulentos: minha família, meus amigos e minha equipe, que, em várias ocasiões, foram minha luz e minha calma.

Sumário

Por que escolher a calma? 9

Consciência 13
Paciência 37
Autorresponsabilidade 59
Amor-próprio 79
Garra 99
Confiança 115
Ternura 133
Silêncio 151
Desapego 167
Presença 185
Vínculo 201
Simplicidade 221

Palavras finais 237

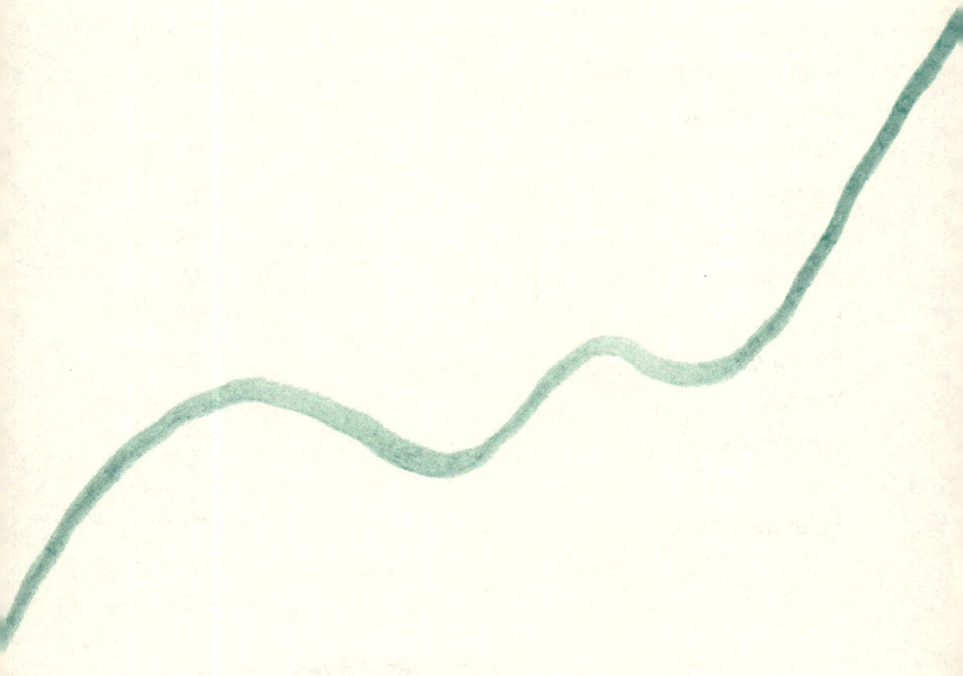

Por que escolher a calma?

Quando eu era mais novo, tinha sede de realização. Eu era facilmente seduzido pelo sucesso e tudo que ele prometia. Mas eis que o sucesso veio e, mesmo conseguindo trabalhar e ganhar a vida fazendo o que amo, a sensação de calmaria que eu tanto almejava não veio junto.

O mundo moderno pode ser muito cruel, ainda mais agora, em que todo dia somos bombardeados com imagens de pessoas supostamente normais vivendo vidas extraordinárias. E é fácil acreditar que o que está exposto ali é a receita para a felicidade: beleza, admiração, dinheiro, sucesso, conquistas, fama. Mas a verdade é que, com toda essa modernidade e tecnologia, o que nos faz realmente felizes continua o mesmo de sempre: saúde, relacionamentos profundos, uma vida com sentido, uma boa relação com nossas emoções e com nossos pensamentos mais íntimos (e muitas vezes, sombrios), oportunidades amplas para descansar e se encantar com o mundo.

Infelizmente, os valores promovidos pela atualidade, que exaltam a velocidade, os resultados, o mundo externo, sequestram o nosso foco do presente para colocá-lo no próximo momento, na próxima realização. E isso está nos afastando da verdade que a nossa alma já sabe, mas que ficou soterrado sob tanta autocobrança. Para nos reconectarmos com o que realmente vai nos trazer aquele quentinho no coração, aquele brilho nos olhos, aquele entusiasmo mobilizador, é preciso se proteger da pressa e da pressão por resultados e se voltar para o terreno interior.

Cultivar a calma em tempos tão frenéticos não é fácil. Requer *paciência*, *silêncio*, *presença*. Vai exigir também *consciência*, *garra* e *autorresponsabilidade*, além da árdua tarefa de praticar o *desapego*. Mas não é só um esforço para nadar contra a maré: é também cultivar a *confiança*, a *ternura* e o *amor-próprio*. E, sempre, reservar tempo e atenção para construir *vínculos* e apreciar a *simplicidade*.

Neste livro, compartilho alguns pensamentos sobre o que eu enxergo como os princípios norteadores para trilhar um caminho de calma. Esses 12 princípios, destacados em itálico acima, não têm nenhuma ordem específica. O que eles têm são energias diferentes: alguns vão ser mais desafiadores, outros menos. Alguns vão exigir força e ação; outras, o contrário. Porque precisamos de ambas para ter a paz. Precisamos da passividade para aceitar o que é, receber o que está aqui; isso não é fraqueza, é grandeza de espírito. Mas também precisamos de um pouco de assertividade: para nos cercar de pessoas legais, correr atrás do que importa para nós, proteger nossos interesses, e lutar quando necessário.

Você pode ler esse livro de cabo a rabo, deixar a linha te guiar. Você também pode usá-lo como um livro de inspirações para momentos difíceis, uma espécie de oráculo para abrir numa página aleatória e ver se a mensagem reverbera em você.

Seja qual for o seu jeito de ler este livro, espero que o caminho proposto aqui seja um convite para que o seu corpo e sua mente trabalhem juntos. Para que sua alma possa, enfim, ser ouvida e seguida. No fundo, é ela o fio condutor de tudo que vale a pena: calma, coragem, felicidade, propósito e verdade. A sua verdade.

Consciência

OLHAR A REALIDADE COMO ELA É

Quando falo em consciência, estou falando sobre *clareza* e *honestidade*.

Consciência também poderia ser sinônimo de *verdade*: ter a força de caráter e a coragem para enxergar o mundo como ele é. E quando falo em "mundo" estou falando de tudo, inclusive de você mesmo. Ter consciência é *resistir às ilusões*, às fantasias e, sobretudo, às mentiras que contamos a nós mesmos para nos poupar do sofrimento.

A consciência é a base estável sobre a qual daremos os nossos passos. E para dar passos firmes em direção a nós mesmos e ao futuro que almejamos, é preciso *saber quem somos e onde estamos*.

Tudo começa com essa tomada de consciência.

Iludir-se para ser feliz é como construir castelos nas nuvens — bonitos, mas frágeis. A felicidade precisa nascer do que é, não do que poderia ser.

A felicidade é um instante de distração. Um passo sutil em direção ao inédito. Um abraço delicado, quase tímido, ao que a vida nos oferece naquele exato momento. Entre as pressas e as ilusões que criamos para nos sentirmos vivos, ela está ali, à espreita, pronta para nos lembrar que tudo pode ser mais simples do que imaginamos.

Não pense que podemos sair por aí, de forma arrogante, como quem vai à feira escolher as frutas mais maduras, e simplesmente decidir: "hoje vou ser feliz". A felicidade não funciona assim. Ela não obedece a comandos nem a qualquer lista pronta de mercado. Tampouco está preocupada em combinar horário com as nossas expectativas.

Ela paira ao nosso redor de forma invisível, quase imperceptível. E quando, num momento de distração e leveza, a gente solta o controle e permite que a vida aconteça, ela aparece. Sutil, sorridente, despretensiosa. Distante da versão de felicidade que a gente costuma encenar nas nossas fantasias, tão cheia de fanfarras e artifícios.

O problema é que a gente se ilude demais tentando ser feliz. Por um lado, achamos que ela mora na próxima expectativa, no próximo amor, no próximo sucesso, na próxima conquista.

Por outro lado, fechamos os olhos e tapamos os ouvidos para os sinais de que nem tudo são flores no suposto paraíso que construímos. Muita gente acha que se seguir a cartilha da "boa vida", a felicidade está garantida, que ela virá embalada em fita de cetim para os felizardos, os esforçados, os certinhos. Ledo engano! A felicidade nos encontra sem roupas de gala, sem grandes discursos, sem promessas de eternidade.

Idealizamos o amor, e ele foge. Idealizamos o propósito, e nos sentimos perdidos. Idealizamos a felicidade, e ela se distancia. Acreditamos que tudo isso é feito de algo inalcançável, distante, reservado apenas para os dias perfeitos que nunca chegam. Enquanto não aceitarmos a simplicidade da felicidade, continuaremos nos iludindo.

Felicidade não se busca, tampouco se constrói seguindo receitas prontas. É a gente que, num descuido bonito, se deixa encontrar.

* * *

Temos sede de mudança. Mas é preciso respeitar que nem sempre ela vem com a força de uma cachoeira. Às vezes, vem tímida, no ritmo de uma nascente, ou reticente, em formato de orvalho.

Eu mudo aos poucos. Não por falta de vontade, mas porque já entendi que as metas malucas só me levaram à frustração. Mudo dia após dia, no meu ritmo cadenciado, pois preciso rotineiramente fazer as pazes com quem sou. Mudanças urgentes, acompanhadas do rigor de quem não sabe esperar, já não fazem mais parte de mim. Todas as vezes que tentei forçar o tempo, só me afastei da serenidade que buscava e de quem eu precisava me tornar.

Hoje, não mudo para me aceitar. Aprendi a me aceitar primeiro, para então entender o que realmente precisa ser mudado. Porque quando a gente acredita que precisa mudar para merecer o próprio amor, está dizendo, sem perceber, que a aceitação vem de fora. Que ela mora num corte de cabelo, em uma nova conquista, num comportamento mais palatável. A mudança verdadeira nasce e se sustenta pelo sentido que a gente vê nela. Mudar apenas para ser aceito pelos outros ou para alcançar um ideal autoimposto é uma receita para a frustração.

Para complicar ainda mais essa situação, a gente cresce achando que mudança só tem valor se for grandiosa. Que só serve se for radical, revolucionária, de virar a vida de cabeça pra baixo. Como se fosse preciso desmontar a casa inteira para consertar uma porta que range. Porém, não gosto da intensidade com que já me cobrei e por isso digo: mude no seu ritmo. Devagar, se for preciso. Não se deixe levar pelas comparações. Porque as transformações mais reais quase sempre são discretas. Começam como um incômodo leve, uma vontade sutil de respirar diferente. Uma escolha pequena aqui, um pensamento novo ali. Um movimento de cada vez.

Nem sempre a mudança vem como avalanche. Às vezes, ela escorre, feito nascente tímida. Ou, quem sabe, se deposita em nós como o orvalho da manhã: silenciosa, paciente e inevitável. Tem hora que ela é tão sutil que só a percebemos tempos depois: num pensamento negativo que antes vinha, mas não veio; numa atitude firme em que antes havia reticência; numa escolha saudável de se colocar em primeiro lugar.

O importante é se permitir mudar quando sentir esse chamado. Mesmo que pareça pouco. Mesmo que aconteça devagarinho. Porque, no fundo, mudar é um jeito bonito de continuar.

* * *

O amor não está se escondendo de você. O amor não te escapa. O amor não está perdido. Mas talvez você esteja se escondendo, fugindo, perdido. Nesse caso, é difícil o amor te achar.

Não, o amor não está se escondendo de você para te pregar uma peça. Ele não está sentado em um trono, planejando armadilhas emocionais para você cair em aplicativos de celular, nem te escolhendo a dedo para te fazer desacreditar e, depois, num golpe de misericórdia, te surpreender com uma nova paixão só para provar a vaidade do seu poder.

A verdade é mais simples. E, justamente por isso, mais difícil de aceitar.

De um lado, estão os carentes, que aceitam qualquer afeto mal dado só para não encararem o próprio vazio e olharem para suas feridas e sombras emocionais. De outro, os que se dizem autossuficientes, mas que, no fundo, só construíram muros tão altos que já nem lembram mais como é boa a vida além das muralhas. E ainda têm a pachorra de chamar isso de amor-próprio. Mesmo que seja somente medo disfarçado. Medo de se envolver, de se machucar, de perder o controle. E sejamos sinceros: sozinho, a gente sempre tem razão.

Não há contradição, não há frustração, não há espelho.

O amor não vem para quem está ocupado demais com suas próprias defesas. Também não chega para quem se contenta com qualquer migalha emocional só para ter companhia. O amor gosta de chegar quando a gente está leve, disponível e inteiro o suficiente para não precisar dele, mas sim desejá-lo como um presente.

Então, se você quer encontrar um amor, antes de sair por aí procurando desesperadamente, pergunte a si mesmo: estou pronto para recebê-lo? Tenho espaço emocional? Tenho coragem de viver o que vier, mesmo que não seja como eu imaginei?

Amar é, antes de tudo, disponibilidade emocional. Não é sobre caçar histórias, mas sobre perceber quando a vida te apresentar uma. É sobre parar de forçar encontros que nascem cansados.

Quando a vida te convidar para amar, aceite o convite. Se entregue. Conte suas histórias sem medo de parecer bobo. Pergunte, ouça, se exponha. Permita-se viver o que for real - sem roteiros prontos, sem garantias. E quando a vida disser que é hora de ficar só, cuide da própria companhia com o mesmo carinho que um dia você vai oferecer a alguém. Aprenda a sorrir sozinho. Caminhe com o coração em paz.

O amor não está te evitando. Talvez só esteja esperando você sair do esconderijo.

* * *

A gente vê o mundo como a gente é. Por isso, um dos trabalhos mais ricos que existe é limpar a nossa lente do medo, do ódio e de tudo o que nos impede de enxergar beleza e amor no mundo.

A forma como enxergamos a vida diz mais sobre nós do que sobre o próprio mundo. O nosso olhar nunca é neutro. Ele carrega as dores que ainda não cicatrizaram, os traumas que tentamos esquecer, as crenças e as verdades absolutas que nos ensinaram sem sequer nos perguntar se faziam sentido.

Tem gente que vê ameaça em todo canto. Que transforma qualquer silêncio em rejeição. Qualquer olhar distraído em desprezo. Gente que interpreta o mundo com a lente da desconfiança, como se tudo fosse um campo minado emocional. Mas, no fundo, o mundo continua sendo o mundo. O que muda é o filtro que usamos para enxergá-lo.

Limpar essa lente não é uma tarefa simples. Exige uma coragem que nem todo mundo está disposto a ter: a coragem de olhar pra si com uma profundidade dolorida e cheia de surpresas. De perceber que o problema nem sempre é o outro. Que a vida não está conspirando contra você. Que, muitas vezes, é só a sua bagagem emocional projetando sombras onde existe luz.

É mais fácil culpar o mundo do que admitir que estamos usando óculos sujos. Mais fácil apontar o dedo para fora do que questionar o que ainda grita por cura dentro de nós. É muito tentador acreditar que o inferno são os outros. Nunca nós mesmos. "Nós sabemos amar." Os outros é que não sabem mais como se ama. "No mundo não existem pessoas interessantes." Mas nós somos fascinantes, claro. "Não dá pra confiar em ninguém." Mas eu, obviamente, sou a pessoa mais confiável do universo.

Se todos que estão lendo isso agora são tão perfeitos, conscientes dos próprios amores, intocáveis em suas emoções, onde estão aqueles que se reconhecem como humanos? Onde estão os que aceitam que também carregam a própria sujeira na alma?

É claro que, para algumas pessoas, não basta uma mera limpeza de lentes. Tem gente que foi vítima de muita crueldade: abuso, violência, abandono. Há circunstâncias e condições que deixam marcas indeléveis. Algumas feridas tocam tão fundo que vão além da superfície, afetando todos os nossos tecidos. Há traumas que congelam ou atrofiam parte de nós, sendo que nem percebemos. O corpo é inteligente e se adapta aos desafios, criando cicatrizes grossas, cascas, defesas. Mas até para isso tem tratamento, tem retorno. Com ajuda, paciência e compaixão é possível amaciar as paredes do muro que nos mantém apartados do resto do mundo.

Cada vez que nos permitimos fazer esse trabalho, o mundo ao redor ganha novas cores. Cores vivas, sensíveis, altivas. O que antes era ameaça vira oportunidade. O que parecia distante vira abraço despretensioso. E o que parecia desgostoso, ganha tons que a gente nem lembrava que existiam.

Ver beleza no mundo não é sorte. É uma capacidade que a gente alimenta ao longo da vida. É um exercício de tirar o pó da alma. De limpar a lente. De desatar os nós doloridos de nossos corpos sofridos. De escolher enxergar tudo com mais generosidade e menos arrogância.

A lente suja existe para todos nós. A diferença é que alguns a limpam com uma frequência mais saudável. Enquanto outros preferem esbravejar contra a existência da poeira.

* * *

Demorei a perceber que minha sensibilidade era um presente, uma parte essencial de quem sou, intimamente ligada a meu destino. O problema era que, em vez de usá-la a meu favor e para o bem dos outros, eu a voltava contra mim.

Seres sensíveis não são especiais. Por mais que nós, pessoas sensíveis, gostemos de acreditar nisso. Muitas vezes, nos colocamos num lugar de privilégio, para além do bem e do mal, como se a sensibilidade que carregamos fosse um presente que o mundo não está preparado para receber. De certa forma, nos julgamos sensíveis demais para esse mundo, intensos demais, diferentes dos demais. E, assim, alimentamos a ideia de que ninguém seria capaz de nos entender. No fundo, isso não passa de uma desculpa para tentar nos proteger da nossa fragilidade: "ninguém me entende, por isso estou sozinho, e talvez seja melhor assim".

A sensibilidade é linda, desde que vista com a intenção certa. Não como uma ferida, mas como uma fonte. É ela que me faz escrever o que você está lendo agora. Que me faz escolher com mais cuidado quem caminha ao meu lado. Que me faz enxergar as histórias escondidas nas entrelinhas de quem passa por mim. Até no sexo ela é necessária. Porque mesmo quando há pele, suor e urgência, é preciso sentir o outro – perceber os sinais, os desejos, mesmo quando nenhuma palavra é dita.

Talvez a questão esteja justamente na forma como escolhemos direcionar a nossa sensibilidade. Se seremos vítimas ou aliados desse presente que carregamos. Ser sensível não é sinônimo de ser frágil. Eu choro para me reorganizar e preparar o peito para coisas novas. Digo o que sinto para me livrar do que não me pertence. Perdoo não para aliviar o outro, mas para parar de me punir.

A sensibilidade nos dá antenas para captar as nuances invisíveis do mundo ao redor. Mas cabe a nós decidir quais dessas nuances terão espaço dentro da gente. Não temos controle sobre as emoções que surgem, mas podemos escolher para onde direcioná-las. E fazer isso de um jeito cada vez mais saudável, produtivo, maduro. Porque a sensibilidade sem movimento nos torna para-raios de todas as tristezas do mundo. Quando a sensibilidade caminha ao lado da atitude, e não da carência ou do medo, ela nos leva para lugares de força, não de fraqueza.

Assim como a sensibilidade, outros traços de personalidade podem trazer desafios para quem os carrega. E talvez você esteja infeliz com alguma qualidade sua, desejando ter nascido diferente. É possível, até, que você tenha tentado suprimir esse seu lado. Mas e se esse ingrediente que te torna único for, justamente, o elemento necessário para melhorar a vida de alguém?

Vale a pena se perguntar: estou enxergando como dor aquilo que nasceu para ser uma virtude? O que estou fazendo com os presentes que o acaso me deu?

* * *

As verdades que doem são as que mais precisamos ouvir. A emoção é o sinal de que a mensagem tocou na alma.

Quando descobri que posso enxergar as minhas emoções como mensageiras, e não como inimigas a serem combatidas, uma porta para uma maturidade emocional que nunca havia experimentado se abriu. Toda a energia que antes eu gastava para resistir, negar ou espantar as emoções difíceis, hoje, consigo direcionar para o autoconhecimento.

Agora, evito ao máximo construir em mim qualquer lugar de ilusão ou fuga. Já entendi que não posso me esconder de mim mesmo, nem fingir que não sinto o que, claramente, estou sentindo. Dentro de mim, hoje, só cabe a verdade. Porque toda vez que tentei me contar uma mentira confortável fui me afastando ainda mais da paz que tanto busco. Trair a si mesmo é um dos piores tipos de traição. A gente se engana achando que está se protegendo, mas, na verdade, está apenas se afastando do que realmente precisa aprender.

Se eu subo no palco e não sinto ansiedade, qual é o valor que dou àquele encontro? Se num beijo a cabeça não voa mais, será que estou mesmo presente? Se a tristeza não me sentasse diante do espelho para dialogar, como eu saberia o que realmente importa para mim? Se a raiva não mostrasse sua cara feia vez ou outra, como eu escolheria as minhas batalhas?

As emoções trazem sentido, verdade e conexão com aquilo que é real. São elas que nos tiram do automático, que nos lembram que estamos vivos. Sem elas, viramos apenas corpos cumprindo funções, sorrindo no piloto automático e acumulando silêncios que mais machucam do que protegem. Escuto o que minhas emoções mais íntimas tentam dizer para ser fiel a mim, para me conectar com o que faz sentido para a minha alma. E, ao escutá-las de verdade, ganho clareza sobre o meu caminho daqui para frente.

A gente precisa sentir. Precisa se permitir viver cada emoção como ela chega, sem julgar ou rotular. Não podemos dividir as emoções em boas ou ruins, como se fossem roupas novas ou velhas. Emoções são bússolas que apontam para a verdade. E, se usadas com atenção, nos levam exatamente para onde precisamos ir.

* * *

Existe uma paz que só se senta ao nosso lado quando aprendemos a conversar com nós mesmos sem tantas defesas. Quando entendemos que somos parte do problema, começamos a ser parte da solução.

Os grandes sentimentos sempre me encantaram. Mas, olhando com mais cuidado, percebo que sempre tive um apreço íntimo pela paz. Quando faço uma breve retrospectiva da minha vida, vejo que a paz sempre foi uma busca constante. Mesmo nos períodos em que, de forma juvenil, eu dizia a mim mesmo que a paz era sinônimo de uma vida tediosa e insossa.

Engraçado como muita gente ainda pensa assim. Existe essa imagem quase folclórica de que paz é ficar de pernas cruzadas, olhando o rio passar, num dia de sol com uma bruma leve ao fundo. Como se a paz só coubesse na calmaria absoluta, longe de qualquer intensidade ou desejo.

Mas a verdade é que podemos, sim, ser intensos, viscerais e ainda assim carregar doses de paz ao nosso lado. Paz não é ausência de movimento. É um doce alinhamento interno. É a clareza de saber por que estamos fazendo o que estamos fazendo. Quando carrego clareza e me conheço, a estabilidade das minhas emoções também voa comigo.

A paz interna é talvez um dos maiores sinais de maturidade. Enquanto a busca constante e exclusiva pela paz externa pode ser, muitas vezes, um sintoma de imaturidade. Digo isso porque quem vive apenas em busca de ambientes tranquilos, longe de conflitos, geralmente está fugindo das próprias responsabilidades. A paz interna sabe dialogar com os pesos da vida. Ela não nega o caos. Apenas aprende a respirar dentro dele.

Não há paz externa quando perdemos alguém que amamos. Quando um relacionamento chega ao fim. Quando somos desligados de um trabalho que nos fazia bem e ainda pagava nossas contas. Quando não sabemos como nossa vida vai se desenhar depois de perdermos tudo. Mas, mesmo nessas tempestades, é possível se sentar com o caos, puxar uma cadeira para ele e, de algum jeito, acomodá-lo dentro da gente para que a vida possa seguir.

A paz interna não nos blinda da dor, mas nos ensina a suportá-la com menos desespero. A dor existe e é inevitável, mas a ela não precisamos acrescentar outras camadas de sofrimento como a amargura, o ódio e a descrença. Não é simples, muito menos fácil. Construir a calma é um desafio para todos nós. Por ser uma tarefa quase hercúlea considerando as infinitas oportunidades para a pressa e a frustração, é tentador imaginar que podemos comprá-la com sessões de cinco minutos de mindfulness ou pegar o atalho fugindo das nossas responsabilidades.

A realidade é muito menos dramática. O caminho para a paz começa com uma conversa madura com nós mesmos. Sobre nossos desejos e escolhas. Sobre o que estamos dispostos a suportar ou a renunciar para bancar o que queremos. Sobre nossas atitudes e posturas e como elas podem estar contribuindo para nossa falta de tranquilidade, mesmo que isso seja inteiramente inconsciente. A paz só vem quando a gente se implica e assume o prumo do nosso próprio navio. É como um pássaro que, por mais leve que seja, tem direção. Não uma pena que se deixa levar por qualquer vento.

A maior paz sempre será interna. O externo é incontrolável. E a vida, por si só, não vai te conduzir naturalmente à calma. Não espere isso. Construa sua paz de forma consciente. É um treino diário de aceitar a falta de controle e, mesmo assim, assumir a sua parcela de responsabilidade diante das circunstâncias. Ser o seu porto seguro, mas também o capitão do navio que irá te conduzir a águas menos turbulentas.

Não será o mundo que te levará à paz, mas a sua coragem e disposição de ir ao encontro dela através de conversas honestas e profundas com você mesmo. Os problemas continuarão existindo, mas serão como sombras ao entardecer: alongadas, dramáticas, mas incapazes de impedir o passo de quem já sabe para onde vai.

* * *

Nem tudo que vivemos nos traz calma ou alegria. Mas tudo que experimentamos pode nos trazer aprendizado, sabedoria e maturidade. E, invariavelmente, isso convida mais calma e alegria.

A triste verdade é que podemos sofrer e não tirar uma gota sequer de aprendizado. Por outro lado, do mesmo sofrimento, podemos extrair lições que nos acompanham pela vida inteira. Sempre haverá adversidades, frustrações, fracassos. Sempre experimentaremos perdas, dores, injustiças.

Mesmo que você decida não se relacionar mais para evitar novas decepções. Mesmo que você se cale para evitar conflitos. Mesmo que se esconda atrás da rotina para não encarar o novo. Mesmo que evite viajar, dirigir ou até andar de bicicleta, com receio de sofrer algum acidente... Ainda assim, o sofrimento te encontrará em alguma esquina. Não existe proteção ou imunidade contra o sofrimento, como Buda descobriu e pregou.

A vida é experiência. É possibilidade de encontro. É aquele beijo que foi rápido demais. Aquela saudade que deixou mais do que você conseguia suportar. É o espaço entre o início e o fim, que precisa ser preenchido com vivências, curiosidade, amores, risadas e até silêncios. Sem as experiências, a vida vira uma busca pobre e sem graça por mera sobrevivência.

O desconforto que hoje parece castigo é, muitas vezes, o mesmo que vai te trazer a calma que você busca lá na frente. Não existe um futuro em que se vislumbre a paz interior sem que a gente encare, com sabedoria, os percalços e os obstáculos que nos derrubaram ao longo do caminho. Ao aprender a lidar com o que me tirou do eixo, passo a viver com mais serenidade. Não só porque sei antecipar o tropeço, mas também porque passo a entender o que me desequilibra e, sobretudo, como faço para me levantar depois da queda.

Aceite: você não vai amadurecer sem cair, ralar o joelho, se reerguer, tirar a poeira, tentar de novo. E daí, provavelmente, sofrer mais um pouco. Não quero soar pessimista, por mais que, às vezes, eu goste desse papel. Mas acreditar que vamos nos conhecer, nos amar e nos iluminar numa terra de sonhos realizados e amores leves é uma daquelas ilusões que muita gente ainda insiste em cultivar. Nem todos os sonhos se realizarão. Nem todo amor é leve (inclusive, os melhores não o são!).

Viver, quando bem feito, nos traz sofrimento. As dores são convites irrecusáveis ao amadurecimento. Elas colocam luz onde a gente precisa olhar. Só depois disso é que podemos, de fato, nos tornar mais conscientes, mais cientes de quem somos e onde queremos estar. O silêncio que a dor impõe quase nunca é alcançado quando estamos felizes. A felicidade pede movimento, corrida no parque, pés descalços e sorrisos sem freio. A dor, por outro lado, nos chama para dentro. Para um canto mais quieto. Para aquele espaço onde, enfim, a gente começa a escutar o que precisa. A dor pede silêncio para a alma poder falar e, assim, nos libertar.

A verdade é que o sofrimento nos ensina mais do que gostaríamos. Cria coragem. Molda valores. Abre caminhos. Tudo isso se for visto como passagem, mas nunca como lugar de morada.

Paciência

O TEMPO NÃO É INIMIGO

Paciência é uma virtude que saiu de moda.
O mundo está apressado, frenético, viciado em fazer e agir.

Exercitar a paciência significa *desacelerar*, saber *esperar*. É necessário construir *pausas* e ficar no *lugar da não ação*. É permitir o *tempo das coisas*, respeitar os *ciclos*.

A paciência pede que sejamos capazes de suportar o *tédio*, a incerteza, o mistério do que está por vir.

Paciência é humildade perante o senhor Tempo.

Nem todas as dores são solucionadas no tempo da mente, mas no tempo do coração.

A mente tem uma arrogância; parece achar que, por ser tão lógica e sistemática, deve deter todo o poder do mundo. Mas não é assim que as coisas funcionam. Nem toda ferida responde ao raciocínio apressado que insiste em "superar logo", como se pudéssemos moldar o tempo ao nosso bel-prazer. Algumas dores precisam ser sentidas. Languidamente sentidas, a conta-gotas. Precisam de colo de mãe, de silêncio reflexivo, de um tempo sem nome para se dissolverem devagar.

A mente costuma querer explicações rápidas. Soluções práticas. Um plano de fuga para qualquer incômodo. Mas o coração tem seu próprio relógio. Um tempo mais profundo, mais particular, mais verdadeiro. É nele que a dor encontra escuta. É nele que a experiência se acomoda, encontra um lugar, se transforma em memória e vai ganhando sabores mais interessantes.

Já tentei, tantas vezes, resolver com a mente dores que só o coração poderia curar. Quis entender demais, racionalizar tudo, encontrar o "motivo certo" para sentir tudo o que eu sentia. E o que descobri? Que há sentimentos que não pedem solução, só espaço; não querem dominar, só precisam ser escutados. Que há mágoas que não querem ser esquecidas, apenas acolhidas e acalentadas. Que há memórias que não precisam ser apagadas, só reorganizadas com um pouco mais de compaixão, até encontrarem um canto para descansar com um mínimo de conforto.

O coração não precisa de atalhos e estratégias eminentes de desapego ou esquecimento. Precisa de tempo. Precisa de escuta. Precisa de liberdade para ser e sentir.

Com o tempo a gente aprende que o alívio não vem somente quando a gente entende, mas quando a gente aceita. Quando não briga mais com o que se sente. Quando para de tentar achar vilões ou mocinhos. Quando aceita a falta de controle. Quando permite que a dor conte o que veio ensinar. Porque é assim: há dores que não se apagam com palavras, mas com o silêncio de quem aprende a escutar o próprio coração. E aí, aos poucos, a dor se transforma, dia após dia, lágrima após lágrima, em um lindo processo de sabedoria.

* * *

A crença de que tudo que é bom precisa ser eterno é muito injusta com as mudanças e as evoluções da vida.

Será que a beleza só é válida quando dura? Será que os momentos mais intensos e cheios de sentido precisam de permanência para serem legítimos? Será que a alegria que dura instantes é menor do que aquela que fica por muitos anos?

Enquanto a gente seguir acreditando que, se não for eterno, não é verdadeiro, jamais experimentaremos a paz de não precisar temer o fim. Para sermos felizes, é necessário entender a efemeridade da vida. A eternidade é uma ilusão gostosa de acreditar – e quem disse que não podemos sonhar com ela? Mas, quando nos prendemos demais a essa ideia, acabamos nos distanciando de presentes preciosos que nem sempre vêm embalados com os laços da eternidade. Quanto mais acreditarmos que o amor precisa durar para sempre para ser real, mais nos afastamos da verdadeira essência do amor. E o mesmo vale para tantas outras áreas da vida. Às vezes, a vocação muda, os desejos mudam – não porque o que veio antes não era real, mas porque a alma pode fazer um novo chamado para conseguir se expressar ainda mais. Vida é movimento, fluxo. Não é a constância que valida uma escolha, mas a inteireza com que ela é vivida.

Há experiências que só são mágicas porque são breves, como o encanto de um rastro de cometa, a dança da borboleta, o arrepio causado pelo toque de um novo amor. Há relacionamentos que, mesmo findos, deixam sementes de onde brotam novas flores, novos aromas. Há instantes que, por mais curtos que sejam, nos moldam para sempre. Tudo que é verdadeiro não precisa ser eterno – só precisa ser vivido com presença e entrega.

A vida é um rio. E o rio não guarda as águas que já passaram, mas sem elas ele não seria rio. Assim também somos nós: feitos de passagens, encontros, despedidas e recomeços. Aprender a abraçar o que é bom sem a ânsia de segurá-lo para sempre é um ato de maturidade e de amor. Amor pela vida como ela é – impermanente, fluida, generosa na medida certa.

Não é a duração que valida a beleza de algo. É o quanto aquilo nos toca, nos desperta, nos transforma. O eterno, muitas vezes, é apenas uma memória boa que a gente carrega no peito. E tudo bem. Porque o que foi leve, verdadeiro e cheio de significado não precisa durar para sempre. Só precisa ter existido e desfrutado por inteiro, com o corpo e com a alma.

* * *

O tempo nunca falou comigo. Mas foi quem mais me aconselhou. Foi com ele que aprendi o que a pressa já tentou me roubar.

Sempre respeitei o meu tempo e, com os anos, aprendi a tentar compreender o tempo da vida. No meu tempo, há calma com os outros e uma pressa desmedida comigo mesmo. Já o tempo da vida tem um compasso só dela. Feito uma estação do ano: chega quando tem que chegar, floresce quando está pronta e só ela entende os motivos da própria demora ou urgência.

Por muito tempo, quis que o tempo da vida andasse em sintonia com o meu. Desejava que as coisas acontecessem no ritmo e na ordem que eu achava melhor e, pior, com o tom exato da narrativa que eu inventava dentro da cabeça. Não era só sobre acontecer, era sobre acontecer do jeito que imaginei. Ah, como somos mimados...

Até que aprendi que tentar colocar rédeas no tempo é se condenar a sofrer em dobro. Do tempo, só se pode pedir paciência e suavidade, para que sejamos capazes de acompanhá-lo. Porque não é ele que se adapta a nós. É a gente que precisa aprender a decifrar os silêncios que ele deixa entre uma música e outra. Seja ele veloz, tedioso, sereno ou abrupto, é ele quem dita o ritmo da dança. E nós, no fundo, só tentamos não tropeçar no próprio passo.

O tempo não liga para o que pensamos dele. Ele simplesmente é. E nós, feito crianças, ou aprendemos a escutá-lo ou esperneamos, esperando que alguém venha nos salvar da frustração. Hoje, mais maduro, tento não espernear nem resmungar. Em vez disso, escuto e busco compreender suas lições. E esse exercício tem me trazido uma calma inédita e uma confiança inimaginável na minha capacidade de suportar a difícil verdade de que tenho muito menos controle do que gostaria.

* * *

Há épocas em que a gente cresce para fora e outras em que a gente cresce para dentro. O que não muda é que, para crescer bem, é preciso se nutrir de amor-próprio, coragem e paciência.

Tem época que pareço estar em franca expansão. O corpo se move com leveza, a vida se expande em cores, os projetos florescem como se a alma estivesse em plena primavera. Meus olhos brilham com a luz do novo, sinto o sal das lágrimas do recomeço e tudo parece ganhar sentido novamente.

Mas há fases em que o crescimento acontece por dentro - silencioso, discreto, quase invisível até para mim. São dias em que me recolho como quem precisa voltar ao próprio ninho. Me guardo com cuidado. Tento silenciar para me escutar, porque às vezes é só um sussurro que consigo ouvir. Fecho as janelas, apago algumas luzes e deixo só o essencial aceso dentro de mim. Por fora, tudo parece igual. Mas por dentro, estou plantando calma para uma nova fase, aprendendo a respirar de outro jeito, escolhendo com mais ternura, me tratando com conversas mais suaves.

Esse tipo de crescimento não faz barulho. Não rende aplausos, nem vira legenda bonita nas redes sociais. Mas é ele que sustenta a árvore inteira. É ele que me ancora quando o vento aperta, que me lembra quem sou quando o mundo me confunde, que me devolve o fôlego quando tudo parece exaustivo.

Aprendi que crescer, seja em silêncio ou em expansão, exige presença e delicadeza. Não aquela urgência impaciente, feita de cobranças e comparações, mas um cuidado feito de ternura e tempo. Desapressado, singelo, humilde. Sem balbúrdia, mas sem fugir da luta. Porque crescer dói. E, por mais difícil que seja admitir, há partes em mim que só ganham força no escuro. E flores de motivação que só desabrocham depois de longos invernos.

A gente cresce de verdade quando tem a coragem e a sabedoria de se escutar e se acolher. Quando largamos o peso de precisar provar algo. Quando abraçamos o nosso ritmo, não aquele exigido de nós. Quando entendemos, enfim, que a nossa vida não é um espetáculo para o mundo ver – e que a maturidade verdadeira é gesto íntimo, invisível, de brigar menos com o tempo e com a vida e aprender a amar quem somos, cada vez mais.

* * *

Não deixe a ânsia de agir atropelar a calma necessária para as boas decisões.

Vou dividir com você um conselho que dou quando me sinto perdido em meio às minhas ansiedades: não deixe que a pressa de resolver tudo agora sufoque a sabedoria que nasce da calma. Às vezes, o melhor passo é uma pausa, nem todas as soluções surgem da aceleração ou da busca ativa por resolução. Pelo contrário: às vezes é preciso tempo para digerir, processar e deixar a solução surgir quase sem esforço, como um céu límpido após dias de neblina.

Quando estamos angustiados, temos um impulso de sair logo do desconforto. Mas, nessas horas, é muito comum fazer a primeira coisa que vem à mente, o que não costuma ser a melhor escolha. Muitas vezes é a ação mais intempestiva, mais reativa, mais enraizada e baseada em padrões antigos que surge como resposta. Se você soubesse como uma respiração mais profunda pode ser cura ou como uma pausa da autocobrança pode ser eficaz, dificilmente deixaria a pressa ditar suas decisões.

Nem sempre quem se movimenta rápido chega mais longe. Não adianta correr contra o tempo se você perde o sentido no caminho. Eu não busco ser ágil, nem chegar logo nos lugares que todos me disseram que eu deveria chegar. Prefiro perguntar para a minha ânsia de agir se ela está ali por medo ou por desejo, por hábito ou por instinto de proteção. Se encontro aquela força pesada, que se comunica aos berros, percebo que talvez seja mais interessante convidar a serenidade para uma conversa. Assim, descobri que a calma não é ausência de movimento, é a base que sustenta meus próximos passos.

Desacelerar também é um movimento. E, como numa música lenta, numa carícia, pode ser muito bonito e necessário. É importante ter calma para entender o que está acontecendo e não fugir do que está sentindo. É o tempo que afina o olhar, alinha as intenções e dá espaço para que o novo dê suas caras.

A vida nem sempre exige pressa. O que ela pede mesmo é confiança e conexão. Porque o que importa não é o quanto você se movimenta, mas o quanto as suas ações te aproximam de quem você é. E só quando estamos conectados conosco é que conseguimos decidir com mais clareza e verdade.

Algumas decisões parecem urgentes, mas só se resolvem quando o coração amadurece a resposta. Apressar o destino é como querer apressar o entardecer: você até se adianta, mas não vê o céu se tingir de ouro. Espere o ponto certo. E, enquanto espera, deixa o coração tranquilo o suficiente para poder ouvir a resposta que vem da alma.

* * *

Não deixe o medo da mudança alimentar a inércia que te impede de agir. Pare e pense, mas não se deixe congelar.

O medo da mudança é sempre uma armadilha elegante. Ele não grita. Ele sussurra histórias. Ele se disfarça de prudência, de lógica, de "só mais um tempinho". Nisso vamos nos arrastando em silêncio, se escorando na parede, esperando alguém nos salvar de nós mesmos, tudo isso munido de justificativas bonitas. Infelizmente, somos bons em contar histórias para justificar nossas não escolhas medrosas, pois ainda precisamos esperar as coisas se acalmarem, não é mesmo? E, quando percebemos, a gente vai se tornando um sonho que passou.

A gente sabe quando precisa mudar. O corpo avisa. O humor oscila. A vontade de viver começa a se arrastar, sentando devagarinho numa cadeira de balanço. E por mais que saibamos o que fazer, é difícil aceitar que no fundo é somente medo – do julgamento, de não dar certo, de perder o que a gente acha, arrogantemente, que é nosso. O medo tem esse dom de nos prender com coleiras invisíveis e confortáveis.

Posso te garantir que a maioria das vezes que mudei não foi algo tão heroico como a gente gosta de imaginar. Não teve música de fundo nem montagem de treino para uma luta importante, como numa cena de filme. Teve silêncio, aperto no peito e uma chuva de incertezas que, acredite, me molham até hoje. Mudar é isso. Um passo de cada vez. Às vezes torto, às vezes inseguro e molhado, mas ainda assim um passo. A inércia é traiçoeira. Se disfarça de proteção, mas só prolonga o desconforto – aquele que as pessoas cismam em chamar de conforto quando falam da tal zona da qual é tão difícil sair.

Coragem não é saltar de paraquedas. Coragem é seguir, mesmo encharcado de dúvida, em direção ao que o coração pede. Ao que a alma precisa. Acredite, a gente quase nunca se arrepende de se escutar com coragem. Mas costuma se arrepender do tempo que passou ignorando o que já sabia.

Há quem confunda o gesto sábio de parar para pensar com o ato de se paralisar diante da vida.

Mas há um abismo entre os dois. Pensar é pausa consciente – é sabedoria em movimento. Congelar, não. Congelar é o medo disfarçado de prudência. É claro que mudar assusta. É natural que sair do que é familiar provoque calafrios na alma. Mas existe algo muito mais doloroso do que o frio da mudança: é o silêncio áspero de permanecer num lugar onde você já não se reconhece mais.

Não espere tanta certeza. Elas nunca vão chegar. Não da forma que você imagina. Não espere não sentir medo. Vá com medo, mas vá consciente. Leve sua lucidez e sua coragem e se movimente. Leve sua dúvida também, se for o caso. Mas vá, por favor.

Porque, no fim das contas, mudar é só um outro nome para continuar crescendo. Não para ser alguém diferente, mas para se tornar, enfim, quem você já é – só que livre das amarras que o medo construiu. A coragem só resolveu me acompanhar depois do primeiro passo. E, talvez, resolva acompanhar você também.

* * *

Um dia você vai ver que esse projeto interrompido, que você acha que não levou a lugar nenhum, te deu as habilidades, a sabedoria e a força para viver a história mais linda da tua vida.

Muitas vezes, o que chamamos de fracasso é apenas um rascunho bonito do que viria depois. Já aconteceu comigo. E, honestamente, ainda acontece. Já desisti de ideias, sonhos, que, à primeira vista, pareciam tempo jogado fora. Mas, com o tempo, percebi: eles estavam me preparando.

Vou dividir algo pessoal que aconteceu alguns dias antes de eu começar a escrever este texto. Estava inseguro com um grande projeto que vinha realizando e comentei, por alto, com a equipe que trabalha comigo. Pouco depois, recebi uma mensagem de uma pessoa da minha equipe que me tocou profundamente – principalmente diante do momento que eu estava vivendo:

"Vai dar certo. Deus não dá fardos que a gente não consegue carregar. Se Ele permitiu sonhar, e está permitindo o caminho ser percorrido, é porque vai realizar tudo. Se não, nada disso existiria – nem na imaginação. Um bom trabalho sempre colhe frutos."

Não sou uma pessoa religiosa e carrego em mim diversos questionamentos. Mas fiquei com essa resposta ecoando em mim. É curioso como a vida age em silêncio – e você já deve ter percebido o quanto eu sou fã do silêncio. Ela vai costurando, sem pressa, as experiências que não compreendemos no presente para formar um tecido mais forte lá na frente. Cada tentativa interrompida, cada plano que desandou, cada sonho que virou frustração, tudo isso estava, na verdade, me entregando algo. Uma nova habilidade. Um olhar mais maduro. Uma força que só nasce quando a gente se reinventa.

Por mais que, na hora, a gente ache que esses aprendizados são apenas desculpas para dar sentido ao sofrimento, são justamente eles que nos preparam para perceber alegrias que talvez passassem despercebidas. Os olhos de quem sofreu, e sabe olhar com sabedoria, nunca mais são os mesmos.

Quantas vezes não vi meus livros parados nas prateleiras e pensei que tinha feito tudo errado. Me cobrei, me julguei, me senti incapaz. Quantas vezes amei minhas ideias, mas elas não deram em nada. Amar sozinho também faz parte. Quantas vezes criei, escrevi, suei, chorei... e não vi resultado. Nos meus sonhos íntimos, no vestibular, nos livros, na vida. Quantas vezes precisei desistir hoje para conseguir sonhar de novo amanhã.

Hoje, vejo que nada foi em vão. Aquela dedicação que não deu o retorno esperado foi, sem que eu percebesse, a aula exata que eu precisava para viver algo muito maior depois.

E talvez ainda não tenha chegado o seu momento de entender tudo com clareza. Mas ele vai chegar. Um dia, você vai olhar para trás e perceber: aquilo que parecia não te levar a lugar nenhum te levou direto para a história mais bonita que você precisava viver.

* * *

A expectativa quer controle; o sonho, espaço. É no descanso das expectativas que a vida acontece.

Com o tempo, aprendi que nem tudo precisa ser conduzido à força. É bem verdade que, às vezes, um empurrãozinho faz diferença, mas na maior parte das vezes, é quando solto o peso das expectativas que as coisas finalmente encontram seu lugar. Não adianta apressar o tempo nem sufocar o que ainda está se formando. Por mais que a gente tente forçar a mão do destino, a vida tem o seu próprio compasso.

Já forcei encontros, tentei antecipar respostas, planejei felicidades como quem monta um quebra-cabeça apressado. Mas nada disso me trouxe mais paz. Pelo contrário. Foi só quando afrouxei as rédeas e deixei o tempo fazer sua mágica que as coisas começaram, de fato, a acontecer.

A frustração nasce da distância entre o que desejamos e o que acontece. Mas também entendi que não há vida sem sonho – e sonhar é saudável quando não confundimos possibilidade com posse. A gente cria expectativas e nasce o impulso de controlar. O sonho, por outro lado, pode até ter pressa, mas floresce mesmo quando há espaço e tempo para desabrochar.

A frustração cresce quando insistimos na ideia de que a vida deve seguir o roteiro que escrevemos sozinhos, uma noção que tem um certo autocentramento travestido de romantismo. A gente tenta preencher os vazios com respostas prontas, mitos sedutores e falsas garantias. Mas a verdade é que a vida não nos deve nada.

É difícil confiar no invisível, eu sei. A mente gosta de prazos, planos e certezas. Mas a alma não segue rotas predeterminadas. Ela caminha no tempo do sentir, do amadurecer, do entender. E há uma beleza silenciosa nisso: enquanto a gente descansa da urgência, a vida vai costurando o que é dela. Para a vida acontecer de fato, temos que colocar as expectativas um pouco de lado. Elas estarão ali, claro, mas não precisam ser levadas tão a sério. Assim, estaremos mais preparados. Não para uma resposta exata, mas para as descobertas possíveis.

A segurança não está na previsibilidade, mas na capacidade de se manter de pé no meio do imprevisível. O que podemos controlar é o foco da nossa atenção, nosso esforço, nossas atitudes, a forma como nos comunicamos, nossas reações. O resto não está nas nossas mãos. Por isso confiar é tão importante, porque, quando os acontecimentos deixam de ser muletas, e passam a ser apenas parte do caminho, tudo dentro da gente fica mais leve.

A confiança serena de que as alegrias virão, no tempo delas, muda tudo. Não porque elas chegam rápido, mas porque paramos de brigar com o que ainda não chegou. E nesse espaço, entre uma vontade e outra, nasce um tipo de paz que não depende de nada fora da gente. É ali, no silêncio entre o que já foi e o que ainda será, que a vida sussurra: está tudo se encaixando. Mesmo que você ainda não tenha se dado conta disso.

Autorresponsabilidade

A CORAGEM DE SER DONO DE SI

Autorresponsabilidade é sinônimo de *protagonismo* e *maturidade*. É sobre reconhecer que você é *dono da sua vida* e assumir o lugar de *autoridade*.

Tomar as rédeas da própria vida pode ser assustador, mas para crescer e agir em prol dos nossos desejos mais genuínos é necessário *sair do lugar da vítima*, mesmo se as suas circunstâncias são injustas, dolorosas ou difíceis.

Autorresponsabilidade é entender que, mesmo que você não tenha culpa de como está a sua vida agora, você pode *sair dos bastidores* e *assumir o leme*, mesmo se ainda precisa aprender a ser adulto e navegar.

Autorresponsabilidade é frio na barriga, coragem e liberdade.

Não existe nada mais difícil, e também mais gratificante, do que tomar as rédeas da própria vida. Você só terá o seu final feliz quando assumir o protagonismo da sua história.

Tomar as rédeas da própria vida é solitário, mas ao mesmo tempo libertador. É escolher, dia após dia, ser fiel ao que se sente, mesmo quando isso significa decepcionar expectativas, abandonar antigos planos ou seguir por caminhos ainda nebulosos.

É arcar com o desconforto que vem junto com o que é verdadeiro – aquele silêncio que fica depois de um "não" dito com firmeza, aquela dúvida que paira quando você escolhe o novo em vez do familiar, aquele aperto no peito por não mais caber no papel que escreveram pra você. Tem hora que é preciso agir com ousadia e remar contra a maré, ao invés de simplesmente seguir o fluxo de um roteiro pré-fabricado.

Assumir o protagonismo não tem a ver com controle. Não se trata de forçar o mundo a se dobrar aos seus planos. Não se trata nem de saber exatamente o caminho a seguir. É muito mais sobre confiar que, mesmo sem garantias, você saberá se encontrar no processo da caminhada. É saber que não existe leveza possível quando se vive o tempo todo tentando agradar ou impressionar os outros - quando o olhar é voltado para fora, para reproduzir uma vida que talvez nem seja a sua.

A sua vida começa quando você para de buscar finais perfeitos e passa a desejar começos honestos. Quando troca a euforia do aplauso pela tranquilidade da verdade interna. Quando entende que algumas despedidas são, na verdade, reencontros com quem você sempre foi, mas não teve coragem de sustentar.

Felicidade não é sobre tudo dar certo, mas sobre olhar para sua história com orgulho, não porque ela agradou o mundo, mas porque foi inteiramente sua. Porque mesmo tropeçando, mesmo errando, você escolheu não se abandonar. Em todo desvio, em toda bifurcação, você olhou para dentro e se perguntou: "o que vai me aproximar ainda mais de mim, da minha essência, da minha verdade?".

É preciso dizer que o final feliz existe, sim. Mas não é aquele, formulaico, dos contos de fadas e dos filmes hollywoodianos. Muitas vezes, ele começa quando a gente entende que ser fiel a si mesmo é o maior ato de amor que alguém pode ter. Porque, no fim do dia, é consigo que você vai dormir. E dormir com um sorriso no rosto é, com certeza, o mais bonito dos finais.

* * *

Descobrir o que faz o seu coração vibrar, o que dá sabor e sentido à sua vida, não é uma tarefa frívola; é fundamental. Não se deixe ser convencido do contrário.

Eu tive o privilégio de descobrir cedo diversas das coisas que amo fazer. E quando, em meio a trivialidades e incumbências, algo me encantava, eu sentia, quase num sussurro, que ali havia um lugar meu no mundo. Desde então, carrego um pedido recorrente comigo: que a vida nunca leve embora o brilho que sinto ao fazer o que faço. Porque, no fundo, sempre tive medo de ele ser passageiro. De ser um prazer momentâneo, uma oportunidade breve de experimentar como é se sentir especial fazendo o que se faz.

É difícil explicar o quão fascinante é se encontrar em algo nesta vida. E não falo necessariamente do trabalho enquanto ofício e fonte de renda, nem de grandes realizações, mas daqueles momentos simples em que a gente se percebe inteiro, rindo sozinho por sentir que está sendo feliz com o que somos. Pode ser que encontremos essa alegria fazendo arte: escrevendo, pintando, dançando, cantando. Muita gente tem isso com a atividade física: correndo, surfando, escalando, pedalando, lutando.

O encontro está nos detalhes: no riso solitário, na sensação boa de chegar em uma conexão criativa que parecia inalcançável, no prazer que escorre devagar enquanto vivemos. Chegar até esse lugar de encantamento exige algo que, com o tempo, muita gente desaprende: a curiosidade viva, aquela que nos faz ver brilho e calor na vontade de ouvir, aprender, descobrir.

Ah, a curiosidade! Essa vontade de vasculhar, de mergulhar naquilo que não conhecemos, de se encantar com o novo. Ela é poderosa demais para ser tratada apenas como uma qualidade infantil. É ela que nos leva a experimentar, a descobrir o que faz sentido, o que acende um brilho diferente nos olhos.

A gente precisa se sentir especial fazendo o que faz. Mas não no sentido da comparação, de ser mais habilidoso do que o outro. Especial no sentido de se sentir abençoado pela chance de poder experimentar o prazer do simples ato de fazer; de dar vazão à nossa criatividade, de se esforçar para criar algo ou dominar uma técnica, de colocar esmero e carinho nas tarefas do nosso dia. Pode não parecer grandioso como um troféu ou cargo executivo, mas é o maior privilégio: extrair sentido da vida e sentir alegria todos os dias.

Então, estude, descubra, se não há tempo para ser feliz no seu dia, o que estamos fazendo da nossa vida? Encontre, por favor, o que te faz vibrar. É preciso ir. Se mover, mas também se permitir ser encontrado.

Ao lado do que me traz alegria de viver, o tempo não apenas passa, ele simplesmente dança comigo. E talvez o que você esteja buscando não seja um propósito perfeito, mas apenas uma música boa o suficiente para te fazer dançar também.

* * *

Priorizo a paz em todos os aspectos da minha vida — no amor, no trabalho e na minha relação comigo mesmo. Aquilo que perturba a minha serenidade não merece espaço, nem mesmo por um dia.

Sempre precisei da paz para viver bem. Desde cedo, ela foi mais companhia do que a própria felicidade. Enquanto o mundo gritava promessas de euforia, eu só queria um canto silencioso para sonhar as minhas coisas, fazer planos pequenos, conversar comigo mesmo com alguma tranquilidade.

Já fui de correr atrás de grandes explosões de alegria, e, talvez, ainda me permita encontrá-las vez ou outra. Mas não como antes, quando eu confundia intensidade com reflexo de uma vida bem vivida. Hoje, escrevendo isso enquanto chove lá fora, o que busco é um olhar calmo, um peito leve, uma vida que não me atropele tanto. Momentos intensos e suas tempestades fazem parte da travessia, claro, mas o que sempre me sustentou foi o silêncio que vinha depois. Nunca foi o instante que brilhava, era o depois que acolhia.

Tem gente que confunde paz com apatia. Como se escolher o sossego fosse sinônimo de falta de ambição. Mas eu sempre pensei diferente. Pra mim, a paz não é uma pena solta, levada por qualquer vento. A paz é um pássaro. E pássaros têm direção. Sabem para onde voltar, sabem pousar com calma mesmo depois de voos longos. Eles não fazem alarde para provar que sabem voar, simplesmente sabem.

Com o tempo, aprendi a priorizar a serenidade em tudo: no amor, no trabalho, nas relações, e, principalmente, na forma como falo comigo mesmo. Descobri que paz não é luxo, é necessidade. O que me perturba, o que pesa, o que distorce minha essência, deixo do lado de fora de casa. Não por frieza, mas por amor. Amor à minha saúde emocional, à minha sanidade, à minha lucidez. Amor à minha alma, que já carregou pesos demais tentando agradar, resolver, sustentar o que nunca foi dela.

Já desejei coisas grandiosas, já quis o mundo nos braços. Mas hoje, quanto mais amadureço, mais me encanto com o ambiente simples que a paz cria. Abraço minhas sombras com amorosidade e celebro a possibilidade de acordar em paz, de amar com calma, de ter conversas honestas sem precisar me explicar tanto. E, por mais irônico que pareça, ela me trouxe mais felicidade do que a felicidade um dia me trouxe paz.

* * *

Precisamos assumir a responsabilidade de como nos sentimos quando estamos sozinhos. Sentir-se iluminado mesmo quando as luzes das companhias se apagam é um forte indício de que estamos criando a nossa própria luminescência.

Nem sempre haverá alguém ao lado segurando a nossa mão. Nem sempre teremos companhia para dividir o silêncio da noite ou o nascer do dia. A vida, por mais cheia que pareça, também é feita de vazios. E é neles que a gente aprende, aos poucos, a acender a nossa própria luz.

Sentir-se bem sozinho é um processo. Não é sobre se isolar do mundo ou fingir que não precisa de ninguém. É sobre descobrir que a presença mais constante que teremos ao longo da vida é a nossa. E que cultivar uma relação gentil com quem somos é o que transforma a solidão, pouco a pouco, em solitude. Um estado sereno de quem, mesmo só, está inteiro.

Às vezes, o mundo se apaga. As luzes das companhias se vão, os aplausos cessam, as mensagens silenciam. E ali, no escuro, a gente percebe: ou acendemos a nossa própria chama ou tropeçamos nos próprios sentimentos. A luz, nesse sentido, não é um clarão grandioso. É uma faísca pequena, mas contínua – feita de escuta, de cuidado, de diálogo interno. A luz é a voz que acolhe quando ninguém mais ouve, o carinho que oferecemos a nós mesmos quando ninguém mais toca.

E quanto mais nos escutamos, mais ela brilha. Luz não é certeza, é consciência. É saber onde dói, onde pulsa, onde ainda falta. É ser o próprio abrigo. É sentar no chão do nosso coração e

conversar com o que ficou esquecido ali. Nossas saudades, nossos medos, nossas vergonhas. Cada uma dessas partes precisa de uma pequena centelha de aceitação.

Sim, o caminho é, em grande medida, solitário. Mas não precisa ser escuro. Aprender a gostar da própria companhia é como acender pequenas luzes pela casa que vivemos. Um canto de paz ali, um quadro de memória bonita aqui, uma janela aberta para o futuro. E, quando menos se espera, você percebe que não precisa mais de holofotes, pois o que te guia agora é uma lanterna firme no peito.

A vida é feita de encontros, sim. Mas, antes de tudo, é um grande reencontro com quem somos. E é nesse gesto íntimo, de ternura consigo, que nasce a verdadeira luz. Uma luz que não brilha para ser vista, mas para enxergar melhor o próprio caminho. Quando aprendemos que não precisamos mais mendigar claridade, nos tornamos, enfim, sol.

* * *

Para a coragem aparecer, é preciso saber que é mais importante ser fiel a seus valores e desejos do que à imagem que você quer que os outros tenham de você.

Deixar que o coração nos guie para o que é verdadeiro, sobretudo quando é difícil, é a minha definição de coragem. Seguir o que a alma pede, mesmo que isso soe estranho aos olhos da sociedade, é a nossa principal tarefa nessa vida. É o único caminho para a calma e o contentamento duradouros. Mesmo que não seja o caminho mais rápido, mais bonito ou mais admirado. Convocar a coragem é agir com o coração - e o coração, diferente da mente, não precisa de aplauso, precisa de sentido.

A gente passa boa parte da vida tentando se encaixar, buscando aceitação, dizendo "sim" quando queria dizer "não", sorrindo quando, honestamente, queria apenas juntar meia dúzia de saudades e ficar no próprio canto. Assim, aos poucos, vamos nos afastando de quem somos para tentar ser quem os outros esperam que sejamos. Só que chega uma hora que esse esforço nos cansa. A alma cobra. O corpo sente. E aí, se a gente escuta, entende: viver de verdade é ser fiel ao que pulsa dentro e não ao que esperam de fora.

Quanto mais sigo o que é verdadeiro dentro de mim, menos eu me importo em agradar. E não é sobre ser egoísta, é sobre ser íntegro. Porque quando a gente age de acordo com o que pulsa a alma, com aquilo que acreditamos, com o que realmente faz sentido, o arrependimento não vem. Mesmo que as coisas não saiam como a gente esperava.

No meu caso, por exemplo, posso acordar um dia e perceber que meus livros já não vendem mais, que não consigo viver de escrever. Mas você acha que eu vou me arrepender de ter me dedicado a isso por mais de uma década? Honestamente, não. Porque tudo que escrevi foi de verdade. Tudo que publiquei veio do coração. E quando a gente age assim - com coragem, com alma, com presença -, a vida pode até não nos recompensar com sucesso, mas nos entrega paz.

Felizmente, ou infelizmente, ainda não sei, é você com você, sempre foi. Nunca foi sobre o outro. Então, veja beleza no seu processo, na sua forma única de caminhar, porque senão cada passo será movido por medo e não por verdade. Saia das frases prontas, das respostas ensaiadas. A coragem, quando é de verdade, vira mãe de outras virtudes. Ela desperta admiração, mas, mais do que isso, desperta liberdade na nossa alma. É essa liberdade que acende o brilho da vida: de viver de acordo com a própria verdade, mesmo sem garantias. A de ser corajoso, autêntico e íntegro, em vez de agir apenas para ser admirado ou para pertencer a um grupo qualquer.

A coragem mora nesse lugar: no silêncio de quem escolhe continuar sendo quem é, mesmo quando ninguém entende. No peito de quem aprendeu a não se trair. No olhar de quem segue o próprio caminho, sabendo que o que é fiel à alma nunca se perde. E isso, pra mim, é o que realmente tem valor.

* * *

Nunca desista dos seus sonhos. Mas sempre questione se o sonho que você diz ser seu vem do coração ou da sua busca por ser aceito.

Esse sonho me preenche ou apenas me valida? À primeira vista, esta pode parecer uma pergunta simples. Mas, se vista com sinceridade, ela tem o poder de remexer certezas, virar os olhos para dentro e revelar silêncios que há tempos não eram ouvidos. A gente cresce ouvindo que deve ser alguém, seguir um caminho seguro, conquistar bens materiais ou validação por status. A gente se esforça bastante para agradar, se moldar, "chegar lá". Mas quando nos damos conta – geralmente após algum tropeço ou alguma conquista – fica gritante que estamos empenhados em realizar desejos externos, familiares ou sociais, e não aqueles que brotaram do nosso próprio âmago.

Talvez você esteja correndo atrás de algo porque desde sempre ouviu, nem sempre por meio de palavras, que aquilo era o certo. Talvez queira provar que é capaz, que merece respeito, que é digno de amor. Talvez esteja tentando materializar sonhos que seus pais, professores ou amigos costuraram com as linhas da própria visão de mundo. Mas viver para ser aceito é um esforço sutil que vai exaurindo a alma. E, aos poucos, nos distancia de quem realmente somos e nos afasta do que genuinamente faz o nosso coração bater mais forte.

Seguir o seu verdadeiro sonho pode desagradar. Pode causar estranhamento, provocar silêncios incômodos, gerar comentários disfarçados de preocupação. Mas desagradar alguns para ser realmente realizado faz parte de uma vida adulta saudável. E, nesse ponto, vale refletir: está errado quem escolhe um caminho fiel à própria essência ou quem não consegue acolher a verdade do outro com respeito e liberdade?

Os nossos sonhos precisam aquecer a parte mais íntima de cada um de nós. Não apenas arrancar aplausos de plateias distraídas. A admiração da sociedade tem algo de inebriante, eu sei. É gostoso despertar nos outros algo que os mobilize; tornar-se alvo e também agente de afeto. No entanto, ser banhado pela atenção dos outros pode render até surtos momentâneos de alegria, mas dificilmente sustenta a paz de uma vida inteira. Muitas vezes pode acabar virando algema, prendendo a gente num ciclo interminável de busca por atenção e carinho.

Eu, particularmente, já aprendi que não sei viver longe do que me é verdadeiro. E talvez você também sinta esse chamado: aquele sussurro interno que só se aquieta quando somos fiéis à nossa essência. Às vezes dói, sim, desapontar quem amamos. Mas dói infinitamente mais abandonar a si mesmo. Pois sou eu quem viverei dentro de mim esta vida inteira.

Por isso, nunca desista dos seus sonhos. Mas, antes de lutar por eles, pergunte-se com honestidade: este sonho nasceu do meu coração ou do meu anseio de ser alguém digno de respeito, carinho e admiração? Há uma linha estreita entre realizar um sonho e se perder dentro dele, e, sem dúvidas, essa linha se desenha a partir de onde e como o sonho nasceu.

* * *

É preciso aprender a seguir, mesmo quando o caminho não está claro no mapa. Confiar na capacidade de lidar com a imprevisibilidade e no que se carrega dentro de si é onde mora a verdadeira segurança.

Nem sempre a estrada se revela com nitidez. Às vezes, tudo parece embaçado, como se a vida tivesse esquecido de acender a próxima luz do trajeto. Dá a sensação de estar num palco onde as cortinas não se abrem, como se algo estivesse fora de compasso, como se o destino hesitasse. Será que a vida se esqueceu de nós? E, ainda assim, mesmo sem a luz habitual que costumava guiar nossos passos, é preciso seguir. Caminhar com confiança, mesmo quando o chão parece ausente e os próprios passos soam como perguntas.

O romancista E. L. Doctorow disse que "escrever é como dirigir à noite na neblina; você só enxerga até onde os faróis alcançam, mas dá para fazer a viagem inteira assim". Mas isso só é possível se você confiar, minimamente, na sua própria capacidade de conduzir o veículo e também na estrada.

Sempre acreditei que há dois tipos de confiança que sustentam a travessia: a confiança na vida - que, embora silenciosa, distribui seus acontecimentos com uma sabedoria que só compreendemos com o tempo - e a confiança em nós mesmos, na nossa capacidade de lidar com o que chega, mesmo quando chega sem aviso.

É natural desejar a segurança que venha de fora. Esperar por respostas, por sinais claros, por promessas de que tudo dará certo. Mas a segurança mais sólida não é a que nos cerca, e sim a que habita em nós. E ela não nasce das certezas, mas de um autoconhecimento cultivado com escuta, tempo e honestidade. Até que, em algum ponto do caminho, a gente perceba que a verdadeira segurança nunca esteve no que podia dar certo, mas na certeza tranquila de que, mesmo se tudo der errado, ainda assim seremos capazes de continuar.

É como apresentar suas ideias diante de uma plateia: se você domina o conteúdo, o improviso não assusta, porque a base está firme. A vida pede esse mesmo tipo de intimidade. Quando você conhece o que sente, quando está em paz com quem se é, o inesperado não ameaça, apenas muda a paisagem.

A estrada da vida não exige perfeição, exige presença. E presença é filha da confiança: aquela que não depende de o tempo estar aberto ou fechado, mas que sabe, aconteça o que acontecer, eu vou estar aqui por mim.

Então, mesmo que o mapa esteja incompleto, siga. Ainda que as trilhas pareçam desenhadas a lápis, ainda que o horizonte esteja turvo. O passo mais firme não nasce do que se vê adiante, mas do que já foi cultivado dentro do peito. E quando a alma está bem ancorada em si, o mundo pode até balançar, mas já não nos leva com ele.

Amor-próprio

A RAIZ DE TODA CALMA

O amor-próprio se parece com *autoaceitação*. A gente se ama porque se aceita, mas também se aceita porque se ama. Amor-próprio também pode ser sinônimo de *autorrespeito*, isto é, respeitar as suas necessidades, limitações e ações.

Na prática, amar-se é cultivar a *autocompaixão*, evitando comparações e críticas excessivas e julgamentos duros e constantes. É também dedicar-se ao *autocuidado*: cuidar-se de forma integral, olhando para suas necessidades físicas, psíquicas, emocionais, sociais, espirituais etc.

O amor-próprio é um sentimento e uma atitude *doce* e *tolerante* consigo mesmo. É uma mãe que acolhe, um pai que orienta, um amigo que escuta e um mentor que te encoraja a seguir em frente.

O amor-próprio é uma fonte inesgotável de afeto, força e paz.

Amar a si mesmo é ter paz interior suficiente para não se sentir refém da aprovação alheia enquanto o mundo ao redor se perde na busca excessiva por validação.

Vivemos em tempos em que tudo precisa ser validado, exibido, aplaudido. Mas quem se ama de verdade encontra sossego em ser e não apenas em parecer. Amar a si mesmo é se libertar da prisão invisível da aprovação. É não viver em função de curtidas, palmas ou olhares. É saber que o seu valor não está no que esperam de você, mas naquilo que você realmente é, mesmo que poucos consigam enxergar. Quando você começa a se conhecer, entende que há uma linda parcela de paz em não agradar a todos. Que nem toda crítica é um espelho fiel, e nem todo elogio é sinal de verdade.

A aprovação do outro pode ser doce, mas nunca pode ser combustível. Porque o gosto do aplauso vicia. E quanto mais você se acostuma com ele, mais difícil se torna caminhar no silêncio. A vida vira palco, e você, sem perceber, atua. Molda suas escolhas para agradar. Engole o que sente para ser aceito. Sorri quando quer chorar, concorda quando, no fundo, discorda, fica quando, secretamente, preferiria partir. E quando o aplauso atrasa ou o elogio não vem?

É nessa hora que tudo desmorona – a não ser que se tenha uma base sólida de amor-próprio por baixo dos castelos feitos para impressionar. Porque aquilo que sustenta precisa vir de dentro. Caso contrário, é vazio, esburacado, frágil.

Amar a si mesmo é saber se sustentar nos dias em que ninguém repara. É fazer escolhas alinhadas com o corpo e o coração. É respeitar o ritmo próprio, descansar quando precisar, silenciar a voz da cobrança para escutar o que o corpo pede. É mais conexão? É menos barulho? É menos atividade? É mais diversão e expressão?

Amar-se não é se isolar dos outros, muito menos se recusar a participar na bonita reciprocidade do amar e ser amado, mas é entender que você não precisa ser amado por todo mundo, a toda hora. No fundo, é sobre parar de implorar por aceitação em lugares que não conhecem sua profundidade. É, em essência, parar de mergulhar no raso esperando profundidade.

Nessa sociedade performática, que produz insatisfação crônica para nos vender soluções mirabolantes a cada minuto, a validação externa não pode ser a baliza para o seu valor próprio. O amor mais sólido nasce quando você olha para dentro e se escolhe, sem aplausos, sem alarde, sem pressa.

* * *

Uma das maiores injustiças que podemos cometer com a nossa autoaceitação é ter um olhar tão divino aos outros e tão crítico a nós.

Costumamos oferecer aos outros o que negamos para nós mesmos: empatia, paciência, perdão. Vemos beleza nos erros alheios, oferecemos conselhos cheios de compaixão, enxergamos potencial em quem tropeça, mas, quando erramos, nos tratamos como se fôssemos imperdoáveis. Como se um tropeço anulasse todo o longo caminho que percorremos; como se uma falha colocasse toda a nossa identidade em cheque.

Olhamos para o mundo com generosidade e gentileza, mas, diante do espelho, o tom muda. Exigimos perfeição, cobramos excelência, resultados imediatos. E não perdoamos desacertos. Como se a autoaceitação só fosse possível na ausência absoluta de falhas. Como se o amor-próprio fosse uma recompensa e não um ponto de partida.

Por que nos criticamos tanto? Muitas vezes, a autocrítica nasce como uma forma de proteção. Pensamos que se formos duros conosco, evitaremos o fracasso. Se nos cobrarmos o suficiente, seremos melhores e, assim, mais dignos de afeto e pertencimento. Mas essa dureza vai nos afastando do que temos de mais bonito: a nossa própria humanidade. Ninguém floresce sob julgamento constante. Ninguém se sente digno quando vive sendo comparado a um ideal de perfeição que não existe.

Talvez seja uma questão de humildade, mais uma virtude que está fora de moda. Ser humilde não é se diminuir; não é se contentar com pouco. É reconhecer que errar faz parte. Que falhar não define ninguém. Que o caminho para se tornar alguém melhor passa por acolher e abraçar quem você é hoje. Troque o julgamento por acolhimento. Substitua críticas duras por compaixão e compreensão. Fale consigo como falaria com um amigo querido que está cansado, tentando, mas ainda assim seguindo. Por que não nos permitimos esse mesmo tom de voz? Esse mesmo colo?

A voz da autocrítica nos afasta do coração. Nos impede de ouvir a intuição, o afeto, a benquerença. Quando você se conhece de verdade e aprende a acolher suas partes menos admiráveis, o julgamento externo começa a perder poder. Porque a verdadeira validação nasce de dentro, e não há nada mais bonito do que enxergar a si mesmo com o mesmo olhar generoso que, tantas vezes, oferecemos ao outro.

Você não irá encontrar a paz enquanto o seu diálogo interno for violento. Talvez seja hora de trocar o autojulgamento por autocompaixão.

* * *

A gente não muda para se aceitar. A gente se aceita para poder mudar na direção certa — aquela que está alinhada com nossa essência.

Em um mundo onde todos mudam na tentativa de se encontrar, a verdadeira transformação começa pelo oposto: pelo ato de se reconhecer. Antes de qualquer mudança, é preciso ter a coragem de olhar para dentro e entender quem se é de verdade - com todas as falhas, contradições, medos e luzes. Não para se conformar, mas para saber, com clareza, o que precisa ser cuidado e preservado, e o que, de fato, pode florescer ao ser transformado.

Mudar sem se conhecer é como reformar uma casa no escuro. Você pode até pintar as paredes, trocar os móveis, mudar os enfeites, mas continua tropeçando nos mesmos vazios de sempre. É preciso acender a luz. E essa luz vem do autoconhecimento e da aceitação integral do próprio eu, do silêncio de quando a gente se escuta de verdade, sem filtros, sem expectativas alheias. Tenha a audácia de amar quem você é, mesmo nessa versão capenga, esburacada. Honre sua história, sua trajetória. Acenda a luz da sua casa, mas não tente eliminar todas as sombras. Elas também têm o seu valor.

Aceitar as imperfeições, que nada mais são do que a sua própria humanidade, é o primeiro passo para qualquer transformação verdadeira. Quando você começa a se olhar com mais generosidade e menos exigência, os passos que antes pareciam pesados se tornam mais possíveis. E nesse espaço mais leve, nasce o seu melhor. Não porque você se obrigou, mas porque, finalmente, se permitiu.

A aceitação não é um ponto-final. Ela é o início de uma caminhada mais lúcida. Quando nos aceitamos, conseguimos perceber com mais verdade quais mudanças nos aproximam de quem somos, e quais apenas tentam nos moldar ao desejo dos outros. E isso muda tudo. Muda o ritmo, muda o foco, muda a intenção.

A mudança autêntica não nasce de uma vontade de agradar, de se encaixar. É para alinhar a alma. É quando você sente, lá no fundo, que está se aproximando de alguém com quem se sente bem, alguém com quem consegue conviver com mais paz e alegria. Quando isso acontece, a sensação não é de esforço, mas de encontro. Porque, enfim, você para de correr de si e começa a caminhar ao seu lado.

* * *

O maior presente que você pode se dar é a permissão para se colocar em primeiro lugar.

Tem muita gente que acha que o amor é mais bonito e verdadeiro quando vem com sacrifício. Que ser um bom parceiro, amigo ou parente é ceder, é dizer sim mesmo quando o corpo inteiro está implorando por um não. E, com o tempo, vamos nos apagando devagarzinho, como uma vela que ainda acende o mundo dos outros, mas já quase não aquece a si. Só que um dia - às vezes por exaustão, às vezes por coragem - a ficha cai: o maior presente que a gente pode se dar é a permissão de se colocar em primeiro lugar.

Não se trata de egoísmo, mas de autorrespeito. De lembrar que o seu tempo também é precioso, que os seus sonhos merecem ser cultivados e que cuidar de si não é trair ninguém, mas dar um passo largo em direção a uma vida mais honesta e verdadeira. Quando a gente se coloca no centro da própria vida, não é para excluir o mundo, mas para encontrar um jeito mais inteiro de habitá-lo. Porque é difícil amar bem os outros quando estamos transbordando de partes nossas que não foram ouvidas, cuidadas ou vividas.

Colocar-se em primeiro lugar envolve silenciar um pouco o barulho de fora pra escutar o que o coração anda tentando dizer. É entender, não com a mente, mas com o corpo todo, que só a gente sabe do próprio cansaço, da própria bagunça, do próprio ritmo. E, através desse reconhecimento profundamente humilde, conseguir se cuidar, para que a vida comece a acontecer com a suavidade que nasce da verdade, em vez de precisar daquele esforço constante, como arrastar um corpo contra sua vontade.

Neste singelo ato de escolher honrar nossas necessidades e limites, escutando nosso corpo e nosso coração dia após dia, a gente desaprende a se diminuir e reaprende a dimensão do próprio valor. Porque se amar, de verdade, não é se colocar acima dos outros, é apenas parar de se colocar sempre por último.

* * *

Amar a própria companhia não significa estar sempre bem, mas saber acolher as próprias dores sem se abandonar.

Há quem pense que amar a própria companhia é estar sempre satisfeito na solitude, nutrindo apenas pensamentos bons e calma interior.

Mas ninguém precisa ter alma de mestre zen para curtir um tempo a sós. Amar a própria companhia é sobre construir um vínculo íntimo com si mesmo e um lugar de conforto interno que possam te sustentar em todos os momentos da vida, sem que você sinta um impulso irresistível de fugir. É aprender a permanecer ao seu lado quando tudo dentro de você grita para largar tudo. É reconhecer a dor sem se abandonar nela. Ficar. Mesmo nos dias cinzas.

A verdade é que estar consigo não é um estado de euforia constante, mas um pacto silencioso de presença. É segurar a própria mão quando o mundo estiver barulhento demais. É saber se ouvir com gentileza, mesmo quando o que você sente parece demais para suportar. Em vez de buscar a perfeição a todo custo e em tudo o que faz, talvez seja mais interessante desenvolver carinho pelas imperfeições que te tornaram quem você é, e cultivar o aprimoramento apenas naquilo que realmente faz sentido.

O tempo passado na própria companhia, se conhecendo, se ouvindo, se desafiando, se alimentando de bons sonhos e boas instruções para correr atrás deles, é como você constrói, tijolo por tijolo, palavra por palavra, o seu amor-próprio, que nada mais é do que a base segura que você merece ter sempre dentro de você. Não apenas para o seu próprio bem, mas para o bem das suas relações. Quando você vira um lar para si mesmo, os outros não viram muletas, viram apenas visitas. Boas companhias, mas nunca uma necessidade.

Amar a própria companhia é o começo de uma vida mais inteira. Na qual você pode cair, mas também se levantar. Pode chorar, mas sem desabar. Pode ter medo, mas escolhe continuar. Porque você já entendeu que o amor mais duradouro que vai ter é o que cultiva com você por você. E quando esse amor floresce, o mundo lá fora pode até oscilar, mas aqui dentro a raiz é forte.

* * *

Autocuidado não é um bem de consumo nem um compromisso que colocamos na agenda, mas uma forma amorosa de se relacionar com você mesmo.

Autocuidado não é um produto que se compra nem uma tarefa que se risca da agenda. Não é só uma máscara facial, um banho demorado ou um dia de folga. É um modo de se habitar. De se escutar sem pressa. De permanecer com você, mesmo quando tudo ao redor parece pedir passagem.

Cuidar de si é um compromisso íntimo com o próprio corpo, com a própria história, com tudo o que pulsa dentro. É saber silenciar quando o barulho por dentro se torna ensurdecedor. É ter a coragem de dizer não ao que te consome, ao que invade suas margens, ao que arrasta tua paz. É manter o corpo em movimento, mas também lhe permitir repouso. É fazer terapia, escrever um diário, buscar ajuda, voltar pra casa... mesmo quando essa casa ainda está em reforma. É manter uma rotina que tenha espaço para a alma florescer.

O mundo nos ensinou que cuidar de si é luxo. Mas não é. Autocuidado não pode ser prêmio nem sobra, precisa ser ponto de partida. Porque quando você tem carinho e zelo por si mesmo, você está construindo os alicerces para uma vida cheia de sentido. Porque nada que nasce do abandono de si permanece de pé por muito tempo.

Parece básico e clichê, e talvez até seja, mas quem se ama, se cuida. E esse amor não precisa provar nada, nem se exibir. Não tem nada a ver com procedimentos, suplementos, atividades reservadas aos poucos privilegiados, com tempo e recursos disponíveis. Cuidar de si exige tempo, sim, e também um custo em dinheiro, mas é um custo muito razoável quando se coloca na balança o preço de uma vida sem descanso, sem respiro.

Autocuidado é isso: um abraço que você aprende a se dar, principalmente nos dias em que nada parece digno de abraço. É um amor que silencia o caos, que respeita as pausas, que se olha com ternura. Porque quando você se trata com carinho, até o mundo aprende a te tratar diferente.

* * *

Não existe amor-próprio sem a habilidade de dizer não. Não a pessoas e atitudes que te fazem mal. Não a valores que te oprimem. Não a tudo que rouba sua luz sem dar nada em troca. A sua paz começa com limites bem colocados.

Saber dizer "não" sem culpa, com gosto, é um divisor de águas. Porque dizer "não" é uma forma de dizer "sim" ao que realmente importa. Para realizar seus projetos, cuidar do seu corpo, cultivar o bem-estar mental e emocional e escutar os sussurros da sua alma você precisa de tempo e energia. E se o seu tempo e sua energia estão sempre sendo oferecidos para fazer favores, cuidar dos outros ou simplesmente servir de coadjuvante no roteiro da vida de outra pessoa, não vai sobrar nada pra você.

Nem sempre é fácil, especialmente quando fomos condicionados a pensar que quanto mais gente gostar da gente, melhor. Que o nosso valor é proporcional ao número de pessoas que nos acham legais. Mas é preciso entender que não há como se cuidar de verdade enquanto você permite que pessoas e situações ultrapassem o seu ponto de conforto. Há uma diferença entre estar disponível e estar vulnerável ao que te destrói.

Responda com sinceridade: você está disposto a se afastar do que te fere, do que te desgasta, do que rouba a sua paz? Porque o que você não protege, o mundo invade.

Dito isto, colocar limites não é erguer um muro entre você e o outro. Não tem nada a ver com se isolar ou agir defensivamente. É apenas mostrar até onde você vai, de forma honesta. Porque quando você diz sim querendo dizer não, a mentira não é apenas para o outro, mas para si mesmo. E assim, fingindo que está tudo bem, você não vai muito longe no caminho que leva a um lugar de calma, um lugar onde a alma pode realmente se expressar.

É preciso coragem para sustentar o desconforto passageiro em nome de uma paz mais duradoura. Dizer não a pessoas e situações que não te agradam, que não agregam nada à sua vida, é uma forma de ser fiel a você mesmo. Dia após dia, faça chuva ou faça sol, você tem a oportunidade de se escolher. Isso não é maravilhoso?

Anote para não esquecer: agradar os outros é bom, mas agradar a si mesmo é revolucionário.

* * *

Colocar limites pode, sim, desagradar algumas pessoas. Mas isso pode ser um sinal de que essas relações precisam de revisão. Quem realmente gosta de você vai respeitar suas decisões.

A gente cresce achando que para ser amado é necessário ser agradável; ser uma pessoa solícita, doce, sempre disposta a parar e servir o outro. Por essa ótica, colocar limites pode parecer grosseria, egoísmo ou motivo para criar desafetos. E que dizer "não" é correr o risco de perder. Mas, com o tempo, a gente entende: o verdadeiro teste de uma relação saudável não está no quanto a gente se doa, mas sim no quanto podemos ser sinceros com o outro e com nós mesmos, sem medo de comunicar as nossas necessidades e limitações.

Durante muito tempo, confundimos bondade com submissão. Acreditamos que aceitar tudo era amar, que engolir desconfortos era um gesto de nobreza. Mas chega um momento em que você compreende que de nada adianta ser aceito se, nesse processo, você se abandona.

Nem todo mundo gosta quando você começa a se respeitar. Mas será que isso não é sinal de que a pessoa gostava mais do que você fazia por ela do que da sua pura e simples companhia? É nessa hora que a verdade das relações aparece. Fica quem te quer feliz, quem te quer leve. Vai embora quem só estava porque era fácil te empurrar para além do que te fazia bem.

O limite é um filtro silencioso, que seleciona quem caminha ao seu lado por presença verdadeira e não por conveniência. Quem realmente te ama fica e te escuta. Quem se importa aceita seus limites e os acolhe com respeito. E quem se incomoda com eles talvez nunca tenha amado quem você é de fato, mas apenas a versão moldada, sempre disposta e exausta, que você oferecia para ser amada, para ser escolhida.

Sempre digo que, de tempos em tempos, é preciso sacudir a árvore das nossas companhias. E, talvez, aprender a dizer "não" seja justamente esse movimento que balança os galhos e deixa cair o que já não precisa mais ficar. Quando a gente começa a se escolher, muita gente se despede – porque percebe que já não pode mais se alimentar da nossa disponibilidade infinita.

Se você precisa se abandonar para proteger um relacionamento, talvez seja o caso de rever suas relações. Cuidar do outro é bonito. Mas amor e cuidado não podem vir de mãos dadas com o autoabandono e a autonegligência. O preço de uma relação nunca pode ser mais alto do que o seu compromisso com você mesmo.

Garra

ESTAR DISPOSTO A ENFRENTAR O DIFÍCIL

Quando falo em garra estou falando de *atitude* e *determinação*. Quem tem garra tem *valentia* e não foge da raia.

A vida nem sempre é um mar de rosas. Às vezes, é necessário *arriscar-se*, *encarar sombras* e *fazer coisas difíceis* e desagradáveis. Existe resistência, medo e insegurança, mas fugir ou se esquivar não é uma opção. O único caminho é o *enfrentamento*.

Sem essa *disposição* de entrar no campo de batalha, atravessar o deserto e passar pelo desconforto, não haveria nem vitória nem crescimento.

A garra é o ingrediente secreto dos heróis.

Só descobriremos a nossa verdade quando tivermos coragem de ouvir as mentiras que contamos para nós mesmos.

A maioria de nós mente para si mesmo mais do que gostaria de admitir. Não apenas ao dizer que está tudo bem, mas ao sustentar uma imagem que nos preserve de sofrimento. Acreditamos que sabemos amar, mas o outro não sabe nos amar de volta; que nos esforçamos muito, mas que o mundo não nos retribui na mesma medida. Editamos nossa história para incluir versões mais justas, mais simpáticas ou mais heroicas de nós. E, de tanto repetir essas versões, nos refugiamos nelas como se fossem verdade.

A ilusão protege, mas aprisiona. Ela oferece um alívio momentâneo, enquanto a verdade, apesar de doer, abre espaço para uma liberdade real. Admitir que somos falhos, contraditórios e confusos, exige força e coragem. Preferimos pintar o outro como vilão e o mundo como injusto para não ter que redesenhar os próprios contornos.

A força que a gente tanto busca não nasce da negação das sombras, mas da coragem de encará-la. Não é fingindo que não falhamos que nos tornamos fortes, mas reconhecendo cada parte em nós que ainda precisa de cuidado. Só quando paramos de sustentar as narrativas que criamos para nos poupar é que começamos a acessar o que é verdadeiro em nós.

É nesse lugar desnudado, sem performance, sem justificativas, que a gente se encontra de verdade. Quando a culpa lançada no mundo desmorona, nasce a responsabilidade sobre si. Quando deixamos de lado a fantasia de que estamos sempre certos e bons para abraçar o fato de que também erramos e somos capazes de machucar o outro. A ideia não é cair no lugar da culpabilização ou da autocobrança, muito menos do perfeccionismo, mas reconhecer que há espaço para melhora. E para melhorar é preciso ter clareza sobre o ponto de partida.

Olhar para si com honestidade é o primeiro passo para qualquer transformação real. Ninguém constrói propósito sustentado por mentiras gostosas de ouvir. Ninguém floresce onde ainda se esconde. Só quando a armadura cai é que a reconstrução começa. E a partir desse encontro com o que realmente somos, com as falhas, mas também com a força que existe nelas, é que se cria vínculo, clareza e sentido.

A verdade pode assustar. Mas só é capaz de libertar.

* * *

Não existe autoconhecimento sem surpresas, vergonhas, decepções. Para se conhecer, é preciso estar disposto a nadar até aonde a luz não alcança.

Conhecer-se não é bonito. Pelo menos não no começo. Não é agradável entrar nos porões do que se sente, do que se pensa, do que se faz. Não é indolor perceber que aquela imagem limpa e coerente que você construiu sobre si mesmo não sustenta o peso da realidade. Porque, no fundo, ninguém é somente luz. E é difícil admitir que, em alguns momentos, a gente também manipulou, também traiu, também fugiu. Que a gente nem sempre foi tão bom, tão certo, tão justo quanto imaginava.

O autoconhecimento, para ser revolucionário, não acontece na superfície. Ele exige mergulho.

Exige coragem para encarar os lugares escuros da alma, onde moram a vergonha, a culpa, a negação. Onde estão as histórias que a gente preferia não lembrar? Onde se escondem os pensamentos que a gente jura não ter? É ali, nas frestas secretas, que mora a parte mais humana de quem somos. E só quem tem coragem de visitar esses lugares insólitos descobre, de

fato, do que é feito e, assim, encontra a luz do próprio ser.

É como explorar uma casa inteira. Não só a sala bem arrumada que mostramos às visitas, mas também o quartinho da bagunça, a sujeira atrás do fogão. Tudo isso também é a gente. E fingir que não existe é perder a chance de entender por que certas dores se repetem, por que certos comportamentos nos afastam da paz que a gente tanto busca.

É fácil dizer que quer se conhecer. Difícil é aceitar que a versão que você vende para o mundo talvez seja isso: uma versão muito bem-editada da realidade. Criada para sobreviver, para agradar, para parecer forte, para não ser rejeitada. Mas a verdade começa quando a encenação termina. Quando você olha no espelho e diz, sem medo: "isso aqui também sou eu". Inclusive o que envergonha. Inclusive o que não é bonito de mostrar.

A transformação real não começa com frases prontas ou postagens motivacionais nas redes sociais. Ela começa quando você tem coragem de se despir. Quando admite, com o rosto quente de vergonha, que sente inveja, que sabota o que mais quer, que age por medo, que manipula sem perceber. E que, mesmo assim, ainda é digno de amor, de reconstrução, de luz. Porque não dá para se tornar alguém melhor sem antes reconhecer o que ainda em você precisa ser cuidado.

Nos enganar alivia, mas não cura. Podemos fugir de tudo, menos de nós mesmos. E quanto mais adiamos esse encontro, mais a vida vai empurrar a gente para ele. O único caminho para a paz é atravessar a própria sombra e sair do outro lado mais consciente, mais inteiro.

* * *

Onde há coragem, há perda; onde há amor, há risco; onde há sentimento, há palavras a serem ditas. Não deixe o medo de perder te impedir de jogar.

A gente se acostuma a pensar que amar é seguro, que sentir é uma garantia de retorno, que coragem nos isenta da dor. Toda escolha sincera carrega uma perda embutida. Amar alguém é, inevitavelmente, correr o risco de não ser amado de volta. É se colocar à disposição da beleza e da dor. É dizer sim à entrega mesmo sem garantias de reciprocidade.

Por medo de perder, muitos deixam de viver. Silenciam o que sentem, recuam diante de qualquer vulnerabilidade, fingem indiferença onde transborda desejo. Mas quem disse que sentir é confortável? O conforto nunca foi o berço do amor. Sentir de verdade exige presença, exige coragem, exige dizer as palavras que o coração guarda, mesmo sem saber o que virá depois.

E é aí que mora a diferença entre quem assiste a própria vida de longe e quem tem coragem de participar dela, mesmo que isso envolva errar, perder, se frustrar. Porque sentir é se arriscar, e se arriscar é o único caminho possível para aquilo que vale a pena de verdade.

Coragem nunca foi ausência de medo. É, na verdade, a escolha de não deixar o medo mandar. E quando a gente deixa de dizer o que sente só para manter uma falsa segurança, o que a gente mantém, na prática, é a solidão. O amor não se sustenta no silêncio. Os vínculos não crescem onde ninguém se expõe. E a vida, ah, a vida exige movimento.

Você pode até escolher não se jogar, mas saiba: isso também é uma perda. A perda de descobrir o que poderia ter sido. Por isso, fale, arrisque, ame. Não espere tudo estar seguro para viver. Nada grandioso nasce na certeza.

Tudo que é verdadeiro começa no ato de se colocar inteiro, mesmo com medo, mesmo sem controle, mesmo correndo o risco de não ser correspondido. Porque não há vida plena sem coragem. E não há coragem sem a chance real de perder.

* * *

Negar o pedido interno de mudança não significa ser verdadeiro consigo; muitas vezes, é uma recusa de se adaptar ao que a vida pede.

Tem gente que confunde rigidez com integridade. Acredita que ser fiel a si mesmo é nunca ceder, nunca rever, nunca sair do lugar. Mas nem sempre resistir à mudança é sinal de verdade. Às vezes, é só medo. Medo de perder. Medo do novo. Medo do desconforto que acompanha todo recomeço. Medo de descobrir que algumas certezas eram apenas armaduras bem disfarçadas.

Mudar exige humildade. É admitir que talvez o que serviu até aqui já não caiba mais. É se despir de ideias antigas, trocar de pele mesmo quando ainda é inverno, se encarar sem fantasia. É reconhecer que podemos, e precisamos, nos tornar versões mais verdadeiras de nós com o tempo.

A vida não pede armaduras, pede asas. E quem insiste em se proteger com armaduras acaba rígido demais para voar. Asas são flexíveis. Se adaptam ao vento, mudam de direção, sabem a hora de pousar e também a hora de partir. Quando você vive com asas, não precisa se agarrar ao que já foi. Você se permite ir. Se permite ser. Se permite mudar.

Às vezes, para ser fiel à sua verdade, você precisará fincar o pé e ficar onde está. Mas, muitas vezes, para se manter fiel a si você vai precisar mudar.

* * *

O medo existe para proteger e ensinar, não para torturar e paralisar. Não permita que os pensamentos temerosos gritem mais alto que a sua coragem.

Às vezes o medo se disfarça de bom senso. Ele chega com voz serena, argumentos convincentes e um certo ar de proteção. Diz que não é hora, que é melhor esperar, que talvez você não esteja pronto. E assim, dia após dia, você vai adiando decisões, acomodando-se em realidades que já não te servem mais. E ainda tem a audácia de chamar isso de cautela, de responsabilidade. Mesmo sabendo que, no fundo, é só medo mesmo. Medo da mudança, do desconhecido, de ter que lidar com as consequências de crescer.

O pensamento excessivo congela. O excesso de análise cria estagnação. E quando você percebe, está vivendo uma vida em suspenso, preso ao suposto conforto de uma zona que não te deixa crescer, apenas te mantém ali. Crescer exige coragem e atitude; requer movimentos, às vezes tímidos, mas, quase sempre, audaciosos. Com isso, invariavelmente, vem o desconforto. Mas você não pode deixar esse momento passageiro de dor impedir o seu florescimento.

O medo tem um papel legítimo. Ele protege, alerta, ajuda a medir riscos. Mas não pode ser o timoneiro da sua história. Se você deixar que ele guie demais, vai transformar cada tentativa em ameaça, cada impulso em perigo. E quando finalmente olhar para trás, talvez encontre tempo demais perdido tentando evitar o inevitável. Viver é arriscar-se.

Então, pare. Reflita. Respire. Mas vá. Não espere que o medo desapareça para agir, porque ele não desaparece do dia para a noite. Ele apenas aprende a caminhar ao seu lado quando você escolhe ir mesmo assim. A vida nunca entrega garantias, mas sempre recompensa quem age movido pela verdade.

* * *

Os períodos difíceis da vida nos ensinam como devemos celebrar as partes alegres, as sombras guiam até a luz. As dificuldades nos lembram que viver envolve imprevisíveis doses de felicidade, dor e aprendizado.

Já me perguntei muitas vezes por que certas coisas estavam acontecendo comigo. Sentado, em silêncio, olhando o janelão da minha sala como quem tenta encontrar uma resposta no céu ou algum sinal que aliviasse o peso do agora. E essa pergunta voltava como um eco insistente: por que isso comigo? Por que essa dor, essa perda, essa sombra? Até que um dia, cansado de me debater dentro de mim, me fiz outra pergunta, mais crua, mais honesta. Por que não comigo? O que me fazia acreditar que eu era tão especial a ponto de estar imune ao caos da vida?

Foi nesse instante que algo desarmou por dentro. Como se, finalmente, eu aceitasse a dura verdade de que viver não é atravessar um campo florido em linha reta. Viver é tropeçar, perder, recomeçar sem saber se vai dar certo. É ver planos desabando diante dos seus olhos e ainda assim achar um motivo para continuar. É se arrastar em silêncio pelos bastidores da própria dor. E entender, com o tempo, que ninguém atravessa essa existência sem sair um pouco arranhado.

Minhas dores me afiaram. Me tiraram da ilusão de controle. Me ensinaram que a paz não é ausência de conflito, mas a forma como a gente escolhe se manter de pé mesmo quando tudo dentro quer cair. Me fizeram olhar com mais ternura para aquilo que antes eu só enxergava como obrigação. Um abraço simples. Um dia sem crise. Um carinho que chega sem aviso. Descobri que, quando a gente já experimentou o abismo, essas pequenas alegrias viram milagres.

Já senti a alma doer em lugares onde o corpo nem alcança, e hoje sei que a tristeza não é um erro no caminho. É parte da travessia de todos nós. A sombra não é o fim, mas o ventre da luz. Porque só reconhece o calor quem já sentiu frio. Só reconhece a leveza quem já carregou o peso de não saber se vai suportar. Só celebra de verdade quem já teve o peito vazio demais para festejar qualquer coisa.

Os períodos difíceis não me diminuíram. Pelo contrário, me deixaram mais luminescentes. Me mostraram quem eu era quando tudo à volta parava de funcionar. E, talvez, essa seja a grande beleza da dor: ela nos arranca da superfície e nos entrega, sem aviso, à nossa profundidade.

Porque mesmo nas noites mais densas, quando tudo parece sem direção, a alma trabalha em silêncio, costurando esperança onde antes só havia escuridão. E, como sempre digo a quem amo: não há nada que um amanhecer não possa curar.

Confiança

O OPOSTO DA ANSIEDADE

Confiar é *acreditar*; é ter *segurança* suficiente para poder caminhar com assertividade.

Muitas pessoas confundem confiança com certeza. Mas a confiança só é possível quando há alguma dúvida; existe um *risco*, mas a *convicção* de um desfecho feliz é maior. É poder bancar não na sorte, mas na própria *capacidade* de suportar o que quer que esteja por vir.

Em um mundo que muda rapidamente, onde fica difícil prever o dia de amanhã, uma dose de *otimismo* é fundamental para poder dar passos seguros.

A confiança é a fé de que o chão e as pernas são firmes o suficiente para sustentar a caminhada.

O oposto da ansiedade não é a calma, é a confiança.

Por muito tempo, eu achei que o caminho para vencer a ansiedade era encontrar somente calma. Procurava silenciar os ruídos, respirar fundo, reduzir o ritmo. E tudo isso, de fato, ajudou. Uns dias mais, outros menos. E assim segui, procurando combater meus pensamentos frenéticos com a placidez interior.

Com o tempo, entendi que a ansiedade não some com o silêncio, mas se dissolve no solo da confiança. Porque, no fundo, não é o barulho que nos tira a paz, mas a sensação de que a gente não vai dar conta do que pode vir. E se a gente se acreditasse capaz de suportar até mesmo o cenário mais horripilante que a imaginação pode trazer?

A ansiedade se alimenta da pressa de controlar. Do pavor diante do que escapa, do que não cabe nos nossos planos. Ela cresce no terreno árido da falta de fé. Não necessariamente fé no mundo, mas fé em si. Na confiança serena de que, aconteça o que acontecer, você vai encontrar um jeito de atravessar. Porque há em você uma força que ainda não foi totalmente descoberta. Uma força que não precisa prever, apenas confiar.

Quanto mais a gente acredita na nossa capacidade e foca em fortalecer nossos recursos emocionais, menos precisa que a vida se encaixe exatamente como foi planejada. A confiança traz flexibilidade. Traz aquele tipo de serenidade que não depende de tudo dar certo, mas que segue firme mesmo quando as coisas não saem como o esperado. A ansiedade, por outro lado, nos infantiliza: faz a gente querer que o mundo obedeça aos nossos desejos, como se tudo que fosse incerto fosse uma ameaça. E não é.

A incerteza é uma das poucas certezas que temos. A natureza imprevisível da vida é também fonte de imensa beleza. Mas só vê isso quem solta a mão da ilusão que a gente chama de controle. Quem respira devagar e entende que a segurança que se busca lá fora, na verdade, precisa ser cultivada dentro. Confiar é deixar de ser refém do medo. É caminhar, mesmo sem saber todos os passos. É trocar as certezas e as (falsas) garantias pelo simples ato de estar presente e inteiro.

A calma é consequência. Ela nasce quando a confiança se enraíza. Quando você para de tentar se proteger do mundo e começa a acreditar na sua própria capacidade de atravessá-lo. Confiar é, no fim das contas, o que mais acalma. É a confiança, e não a certeza, que nos devolve o fôlego. Porque quem confia não se sufoca tentando controlar, apenas respira fundo, mesmo sem saber o que vem pela frente.

* * *

Precisamos confiar que as coisas acontecerão e se desenharão até as últimas páginas da história. Principalmente quando não temos controle sobre elas, sobre o vazio do tempo e a pressa de ser feliz.

Aceitar que não temos controle sobre o tempo é um sinal de maturidade que só chega quando paramos de insistir, como um criança mimada, que tudo deveria acontecer no nosso ritmo. Sabe aquele enredo que inventamos poucos minutos antes de dormir, imaginando cada cena, cada encontro, cada desfecho, com a precisão de quem acredita que dá para ser o roteirista da própria vida? Bem, não dá.

Quanto mais tentamos forçar um desfecho, mais percebemos que as coisas não seguem a velocidade que desejamos. A verdade é que o tempo rege a vida, e nós estamos mais para elenco de apoio na novela divina. Se os deuses, num tédio celestial, resolvem programar uma temporada com reviravoltas, alegrias e tristezas, sobra para nós a missão de atuar com dignidade no caos.

Mas, às vezes, quase sem aviso, eles mudam o roteiro. E, então, a vida acontece. Como num passe de mágica, como se alguém tivesse, enfim, autorizado a cena bonita. Porém, até que ela surja, eles se demoram em seus caprichos, escolhendo quando - e se - irão nos entregar o que pedimos. Às vezes, nos desafiam com pausas longas. Outras vezes, nos surpreendem com flores que nascem em terrenos dos quais já havíamos desistido de cuidar.

E mesmo com um contínuo cuidado, mesmo que reguemos com amor e carinho, as flores não desabrocham na hora que mandamos. Elas desabrocham quando estão prontas. Podemos regar com fé, vigiar com esperança e torcer com o peito apertado... mas nada floresce por insistência. Só floresce quando chega a hora. E quando o solo é bom, a hora sempre chega.

Confio na vida - ou nos deuses - não por acreditar que tudo dará certo sempre, mas porque assim consigo descansar a alma e dar um descanso à ansiedade. Na confiança do que está por vir, somada à minha dedicação, as coisas acontecem. Confio no tempo não porque ele me dá garantias de atender aos meus prazos emocionais, mas porque, quando eu o solto, sou eu quem, enfim, descanso.

* * *

Ninguém tem controle de onde vai chegar. Então, não tenha tanto medo de tomar decisões. Abrace a incerteza e aceite a aventura que se impõe com cada novo passo.

Nunca tive grandes dificuldades para as grandes decisões; em geral, me sentia seguro, assertivo e consciente do que precisava fazer. Mas confesso que quando surgiam as pequenas decisões, me sentia perdido no mar das muitas possibilidades. Sempre achei que poderia encontrar uma solução melhor e conviver menos com o arrependimento de estar perdendo algo. As pequenas decisões sempre me confundiam de forma sutil.

Mas foi com uma dessas pequenas decisões que aprendi uma grande lição que carrego para a vida toda. Domingo à noite, lá em casa, era sinônimo de pizza. A gente se sentava junto, cada um dizendo o sabor que queria, e minha mãe ia anotando em um caderninho que guardava na cozinha. Quando chegava a minha vez, eu dizia que tanto fazia, que podia ser qualquer uma, que escolhessem por mim, pois gostava de todos os sabores. E era nesse momento que ela me olhava firme, com aquele tom doce e certeiro que só mãe tem, e dizia: "Aprende a escolher o teu sabor de pizza!".

Na época, eu achava que era só sobre pizza. Hoje, revistando minhas memórias, entendo o peso reflexivo dessas palavras. Porque, enquanto não escolhia, alguém escolhia por mim. E, assim, eu abria mão não só do sabor, mas do exercício mais profundo da autonomia. É fácil entregar a escolha ao outro, pois, se der errado, a culpa não é minha. Mas crescer é parar de terceirizar. É bancar as próprias decisões, inclusive as que doem. É saber que, às vezes, o sabor que você escolheu não era o mais gostoso, mas, ainda assim, foi você quem escolheu.

A verdade é que tomar decisão dói porque a gente nunca sabe o que vai acontecer. E o medo tenta convencer que é melhor esperar, que talvez não seja o momento, que mais pra frente será mais fácil. Só que esperar demais também cansa. E a gente vai ficando nesse lugar morno, sem sabor, onde nada machuca, mas também nada transforma.

Ninguém tem controle de onde vai chegar. Nem tem garantias de que seu sabor de pizza será o melhor. Isso é fato. Mas a gente pode escolher como vai caminhar. E esse "como" faz toda a diferença. Quando comecei a aceitar isso, parei de exigir certezas da vida. E comecei a me abrir mais às descobertas, aos erros, às surpresas. Aprendi que viver não é sobre estar sempre certo, mas sobre estar inteiro em cada passo.

Nos últimos anos, quando a vida me pede uma escolha, eu lembro da minha mãe, do sofá de casa, do papel com os sabores anotados, e me forço a dizer o que eu quero. Porque, no fim, amadurecer é isso: aprender a escolher o próprio sabor de pizza – mesmo que ele venha com uma fatia recheada de dúvidas.

* * *

Quando feitas com consciência e boas intenções, suas decisões te levarão aos lugares que você precisa estar.

"Fred, como eu sei se estou tomando a decisão certa pra minha vida?" Essa foi a pergunta que uma pessoa fez depois de uma das minhas palestras. Fiquei em silêncio, o que é não é incomum quando uma pergunta me deixa reflexivo. Queria achar a resposta mais sincera possível. Porque, no fundo, quem pode saber com certeza se tomou a decisão certa? Eu também não sei. E talvez ninguém saiba. O que a gente tem, na maioria das vezes, é uma intuição imperfeita e um punhado de coragem.

Respondi o que acredito com sinceridade: a decisão certa é uma sensação de decisão certa. Uma inquietação boa. Um impulso interno que diz para irmos em frente. A gente decide com o que tem, com o que sabe, com o que sente.

E torce para dar certo. Mas o que sustenta, no fim, não é o resultado. É a paz de saber que você foi verdadeiro com você mesmo, mesmo sem nenhuma garantia de acerto.

O que dói não é errar. O que dói mesmo é perceber que a gente se traiu. Que ignorou o próprio sentir, que cedeu ao medo, que se escondeu na conveniência. E o mais angustiante é descobrir que, ao tentar evitar o arrependimento, a gente acaba construindo o tipo mais amargo dele: o de nunca ter tentado. Porque quando uma decisão nasce da consciência e da boa intenção, mesmo que o caminho não seja como esperávamos, ele sempre leva para algum lugar que importa.

A gente sofre tentando encontrar certezas que não existem. Mas a vida nunca deu garantias a ninguém. E talvez a beleza das escolhas conscientes esteja justamente aí: mesmo quando não trazem o que esperávamos, elas nos entregam o que precisávamos viver. O que transforma não é acertar, é atravessar. É quem a gente se torna no meio do processo.

Por isso, escolha. Não esperando segurança, mas abraçando o risco com lucidez, com intenção limpa, com coragem de bancar o que vier. Porque, no fim, uma decisão verdadeira não precisa ser perfeita. Ela só precisa ser honesta. E é essa honestidade que sempre te leva para onde você precisa estar – mesmo que o caminho ainda não esteja tão claro assim.

* * *

Nunca deixe que te digam que evitar o afeto é uma forma de não sofrer. Na verdade, fugir dele só adia os aprendizados que amar alguém nos oferece.

Durante muito tempo, me fizeram acreditar que era mais seguro amar menos. Que o afeto, se mal dosado, era uma porta aberta para o sofrimento. E eu, feito muita gente, fui acreditando. Fui me defendendo antes mesmo de me entregar. Achando que, ao manter uma certa distância emocional, eu evitaria as quedas, os silêncios, os vazios. Mas não evitava nada, só adiava o inevitável.

Porque amar, mesmo quando dói, ensina. Ensina sobre limites, sobre entrega, sobre presença.

Sobre o quanto a gente ainda precisa crescer. O amor escancara espelhos, revela feridas, toca pontos que a gente nem sabia que doíam. E justamente por isso ele é tão importante: porque o afeto nos transforma. Ele amplia o mundo, nos convida à coragem, nos empurra para fora do ego e nos ensina a ver o outro com mais humanidade.

Fugir do afeto por medo de sofrer é como se esconder da vida esperando que ela passe sem te machucar. Mas viver é se machucar também. E algumas dores só existem porque algo teve importância. A ausência de dor não é sinônimo de paz, muitas vezes é só o sintoma de uma vida controlada, protegida demais para ser vivida de verdade.

Amar não é fraqueza. Amar é maturidade emocional. É saber que sofrer pode fazer parte, mas que o que a gente ganha em troca, mesmo quando perde, é aprendizado. É bagagem. É expansão. E é também beleza. Porque mesmo os amores que não ficam deixam algo em nós. E mesmo os afetos que não vingam fazem florescer algo que antes não existia.

Não deixe que te digam que o afeto é um problema. O problema é fugir dele. O amor não te diminui. É o medo de amar que encolhe a sua existência. E quanto mais você foge, mais demora para aprender tudo o que amar alguém tem a te ensinar.

* * *

Todos os dias, o mundo nos dá motivos para fechar nossos corações e mentes. O desafio de todos nós é não ceder a essa tentação. A felicidade só existe na abertura.

Todo dia o mundo parece nos dar um bom motivo para fechar o coração. Uma decepção, um descaso, uma mensagem não respondida. A vida, às vezes, dói em lugares que a gente nem sabia que podiam doer. E é natural, diante disso, pensar que talvez seja melhor se fechar. Não sentir tanto. Não esperar tanto. Não amar tanto.

A maioria de nós já teve essa vontade. De virar armadura. De dizer para si mesmo que não vale a pena ser tão sensível, tão disponível, tão aberto. Mas, com o tempo, a gente entende que essa defesa também cobra um preço alto. Porque quando a gente se blinda da dor, a gente se blinda da alegria também. E sem alegria, o que sobra?

A felicidade não invade. Ela precisa ser convidada. Precisa de fresta, de espaço, de acolhimento. E isso só é possível quando a gente escolhe permanecer aberto, mesmo depois de ter se machucado. Mesmo com medo de se machucar de novo.

É claro que não dá para viver sem critério. Precisamos abrir os olhos, enxergar os caminhos que estão fechados, as ruas sem saída, os becos perigosos. É importante usar da inteligência e da intuição para escolher trilhas em que conseguiremos caminhar com alegria e segurança, mas que sejam desafiadoras.

O que não dá é desistir da viagem. Empacar, endurecer. A recusa é uma forma de se abandonar. De parar de viver de verdade. Porque a vida que pulsa, que emociona, que transforma, só entra onde ainda existe vulnerabilidade.

Abertura não é ingenuidade. É coragem. É resistência. É a decisão de não deixar que o mundo nos transforme em quem a gente não é. É manter o peito aberto mesmo quando tudo à volta diz para fechar. É continuar acreditando que vale a pena sentir, mesmo quando sentir dá medo.

E, no fim, é sempre isso que salva a gente: não a certeza de que não vai doer, mas a confiança de que viver com o coração aberto, apesar da dor, ainda é o melhor jeito de viver por inteiro.

* * *

A vida é breve demais para guardar para si as coisas bonitas que transbordam do coração e longa demais para entupi-lo de mágoa e rancor.

A vida é um sopro. A gente se esquece disso enquanto corre atrás de certezas, enquanto briga para ter razão, enquanto espera o momento ideal para dizer o que sente. Mas o tempo não espera. E o que fica guardado demais, uma hora apodrece. As palavras bonitas que você não disse, os sentimentos bons que você escondeu, o carinho que você deixou para depois... tudo isso também vira ausência.

A gente precisa parar de guardar afeto como se fosse reserva de emergência. Sentimento bonito foi feito para ser entregue, não represado. É urgente dizer que ama, que admira, que sente saudade. É urgente mandar aquela mensagem, dar aquele abraço, falar o que emociona. Porque, no fundo, o que salva a gente é sempre aquilo que toca. E o amor que não é demonstrado também adoece quem sente.

Ao mesmo tempo, a vida é longa demais para ser carregada de mágoa. A gente acha que guardar rancor é uma forma de justiça, mas, na prática, é só um veneno lento. A dor merece ser olhada, não alimentada. O ressentimento consome mais do que protege. E seguir em frente, apesar de tudo, é o maior ato de amor-próprio que existe.

O coração precisa de espaço para sentir, para perdoar, para se libertar. E cada vez que a gente escolhe guardar beleza no lugar da amargura, a gente dá um passo mais perto de uma vida mais leve.

Porque, no fundo, viver bem é isso: espalhar o que transborda e soltar o que pesa. Amar enquanto há tempo. E deixar ir o que já não cabe. E confiar que, no fim das contas, o amor e a doçura irão se sobrepor às injustiças e ao amargor.

Ternura

ABRIR-SE PARA OS AFETOS

Quando falo em ternura, estou falando sobre uma *postura aberta*: uma *disponibilidade para ser tocado* pelos outros, pelo mundo. É sobre ser e estar *permeável* e não fechado. É também sobre a permissão para *sentir* e para *se emocionar*.

A ternura também pode ser entendida como uma *maciez*; é o *oposto da dureza*, da rigidez. Ternura é sobre *entrega* e *generosidade*; sobre estar disposto *a dar e a receber*.

É ser magnânimo e flexível como o mar.

O coração pleno — cheio de luz, de afeto, de potência — é aquele que se deixa permear.

A gente aprendeu a associar vulnerabilidade com fraqueza, mas, com o tempo, fui entendendo que forte é quem abre o coração para os afetos. Que a gente só experimenta a plenitude, a sensação de estar inteiro e presente para a vida, quando se permite ser atravessado por nossas emoções. Não para se afogar nelas, mas para aprender a nadar no poderoso fluxo da vida.

Fraco é quem nunca se permite sentir de verdade. Quem vive na superfície para não se frustrar, para não se machucar. Só que viver pela metade é um preço alto demais para se pagar por uma sensação ilusória de segurança. Só quem se permite sentir é capaz de enxergar beleza até no que machuca. É nesse espaço entre o medo e a entrega que mora a força de quem escolhe viver com coragem.

Tem momentos da vida que a vontade de fechar o peito bate forte. Tem hora que a gente quer mais é se encolher no próprio silêncio, lamber as feridas e evitar o risco de se machucar de novo. E tudo bem. Às vezes, é disso que a alma precisa: recolhimento, cuidado, um pouco de abrigo pra se refazer. Mas esse lugar impermeável não pode virar morada. Porque quando a gente passa tempo demais trancado por dentro, vai deixando de ver beleza nas coisas simples, vai se afastando da própria capacidade de se emocionar.

Um coração saudável precisa abrigar afetos de todas as cores. No fim das contas, é preciso aceitar que não podemos escolher pintar com apenas algumas cores: amarelo, rosa, azul. Não dá para ignorar os tons de cinza, o preto, o vermelho-sangue. Trilhar o caminho da alma, experimentar a potência de receber a vida com o coração aberto, envolve estar disponível para as alegrias, mas também para as dores. Envolve confiar que, em meio a tudo isso, a gente vai descobrindo uma beleza luminosa e uma força que nem sabia que existia.

E é nesse estado de entrega e confiança que podemos tocar no céu – não porque estamos leves, mas porque expandimos tanto que somos capazes de alcançar o inominável.

* * *

Se uma imagem vale mais do que mil palavras, um gesto pode valer um milhão. E poucos gestos são tão simples e tão infinitos quanto um abraço sincero.

Tem gesto que a gente sente no corpo por dias. O abraço é um deles. Não falo de abraço automático, protocolar. Falo do abraço que demora. Que segura. Que acolhe um mundo inteiro num gesto só. Tem abraço que fecha ciclos, tem abraço que cura silêncios, tem abraço que sela a coragem de continuar. Um abraço de verdade tem esse poder de suspender o tempo e de fazer caber nele tudo aquilo que a gente não consegue dizer. Em um abraço, eu vejo o amor que nem sempre consigo ver no mundo.

Durante um abraço, o amor não se esconde, os olhos falam, o toque vira promessa. Ninguém discute imposto de renda durante um abraço. Ninguém lembra das picuinhas ou das respostas que faltaram. Ali, naquele instante de entrega, tudo é importante demais para ser pequeno. As mágoas se encolhem, o orgulho silencia e o que fica é só a essência: o bem-querer puro, sem performance. Amar é do mundo; todos temos direito.

A gente subestima o poder de um gesto inteiro. Abraçar é dizer: "estou aqui, com tudo o que sou, com tudo o que sinto, com tudo o que tenho pra dar". É abrir o peito sem medo de doer. É colocar o coração na mão e o oferecer como quem diz "pode confiar". E, às vezes, é tudo o que alguém precisa para se lembrar de que é amado. De que não está sozinho. De que ainda existe beleza no toque, no calor humano, no encontro real entre duas almas.

Não perca tempo calculando o quanto você deve entregar de si. Viva a emoção do presente, de coração, sem receio e, se possível, sem focar no que receberá em troca. Quando for para dar um abraço, que seja inteiro. Que seja sem pressa, sem distração, sem economia de afeto. Porque são nesses momentos que a vida revela o que mais importa. E do que a nossa vida realmente é feita.

* * *

Para ser amado é preciso aprender a dizer que ama. Palavras guardadas são veneno para um coração com sede de reciprocidade.

Todos queremos ser amados. Mesmo os que fingem que isso pouco importa. A reciprocidade é uma busca humana, está em tudo o que fazemos. Porém, em um mundo onde muitos pedem por pessoas inteiras, onde estão, de fato, os que se doam por inteiro? Pedir a inteireza do outro, mas oferecer-se pela metade, é um tanto contraditório.

O amor não sobrevive no não dito. Ele murcha na omissão. Palavras represadas criam abismos entre dois corações que, muitas vezes, desejam a mesma coisa, mas têm medo de dizer. A declaração de amor - seja através de palavras, gestos ou olhares - precisa acontecer não como tática de reciprocidade, mas com expressão da mais pura verdade. Aprendemos a dizer "te amo" para honrar a existência das nossas emoções.

Talvez você esteja esperando o momento perfeito: o pôr do sol, o jantar à luz de velas, a data especial. Ou, pior: que o outro diga primeiro. Talvez tenha aprendido que demonstrar sentimento é um sinal de fraqueza. Mas amar é sinal de vitalidade, de força. E dizer que ama é um ato de liberdade. Liberdade de ser quem sente, de validar o que você está realmente sentindo, de construir pontes onde antes havia vazio.

Expressar o amor não é se entregar sem critério nem perder a dignidade. É se permitir existir com verdade na relação. É deixar claro que você sente, e que sente com inteireza. Porque se há amor, ele precisa ser reconhecido, e o reconhecimento começa pela expressão. Pela pureza de dizer a verdade. Pela coragem de um gesto aparentemente simples de dizer: eu gosto de você, eu me importo, eu amo.

Guardar o que é bonito é deixar morrer o que nasceu para iluminar. Amor que não se diz vira medo de ser feliz. E o que poderia florescer se perde na dúvida. Às vezes, tudo o que a gente precisa é ter coragem de dizer o que sente.

* * *

Deixar a alma florescer para o novo, apesar do medo, é uma sabedoria necessária para alcançar a paz interior nos momentos mais difíceis.

Há coisas que só dá para entender quando algo dentro da gente termina. Um choro súbito, que parece vir do nada. Uma dor antiga que finalmente se dissolve. É ali que, mesmo sem perceber, a alma começa a preparar o terreno para o novo. Não o novo que vem de fora, embalado em promessas ou recomeços brilhantes, mas o novo que nasce dentro no espaço limpo que sobra depois que a gente se permite sentir.

O problema é que a gente tem medo do novo. Finge que não, mas tem. Porque o novo exige entrega. Exige sair do roteiro. E tudo que sai do controle assusta. A gente quer mudança, mas quer garantia. Quer crescer, mas sem perder o chão. Só que não funciona assim. Crescer é despencar um pouco. É cair das certezas antigas.

A paz interior, tão desejada, não vem quando tudo está em ordem. Ela aparece quando a gente para de lutar contra a vida e começa a confiar. Quando entende que cada emoção, cada lágrima, cada perda e cada noite em silêncio são espaços sendo abertos para algo novo entrar. A alma floresce quando a gente para de sufocar o que sente e começa a dar passagem para o que é verdadeiro.

Deixar a alma florescer para o novo é um ato lindo de coragem e confiança. É entender que a vida, mesmo nos seus capítulos mais confusos, continua querendo te guiar. Mas, para isso, você precisa soltar o ímpeto do controle. Precisa abrir as janelas internas. Criar um lar dentro de si onde seja possível viver sem se esconder. Porque as novidades estão aí, como o cheiro das flores, mas só se fazem presentes se encontrarem uma fresta por onde entrar.

Você não precisa ter todas as respostas. Precisa só se abrir um tiquinho, se permitir sentir, mudar, respirar diferente. E confiar que, mesmo que não faça sentido agora, a vida está, sim, te levando para o lugar certo. Como um parceiro de dança, te convidando para a pista.

* * *

O que faço quando a tristeza bate na minha porta? Primeiro, deixo ela entrar. Sirvo um chá, um bolo. Se precisar, levo para passear na natureza.

A tristeza nunca foi uma inimiga. Mas, costumeiramente, era uma visita inconveniente, daquelas que chegam sem avisar e ainda nos presenteia com verdades indigestas, deixando um gosto amargo na boca. Muitas vezes, preferia fingir que não era comigo. Já tentei fugir, já tentei ignorar, já tentei até expulsar de casa.

Mas com o tempo aprendi que não vale a pena lutar contra aquilo que, de alguma forma, pode me libertar. Então, hoje, eu escolho escutar calado. Mesmo que doa. Mesmo que eu chore. Mesmo que cada palavra pareça uma farpa. Porque, no fundo, por mais desconfortável que seja, a tristeza sempre me mostra o que eu mais precisava ver.

A ternura que aprendi a ter com a minha tristeza é o que permite que ela vá embora em paz. A tristeza não se prende em quem aprendeu a acolhê-la com o coração aberto. Ela não quer gritar, não quer causar estrago, só não quer ser ignorada. Quando é ouvida com gentileza, encontra sozinha o caminho da saída. Às vezes sai devagar, outras vezes vira o rosto com um sorriso sutil, como quem agradece por, enfim, ter sido compreendida.

Sempre penso que as grandes emoções se parecem com senhores sentados num banco de praça. À primeira vista, parecem apenas quietos. Mas basta sentar-se ao lado, escutar sem pressa, para descobrir que carregam uma vida inteira nas entrelinhas. Nem todos têm disposição para isso. Mas quem tem, aprende. Aprende sobre si, sobre o tempo, sobre o que realmente importa. A tristeza funciona assim. Chega com o peso de uma tempestade, mas, se for acolhida com delicadeza, ensina com uma leveza que só os sentimentos profundos conhecem.

A tristeza, para mim, nunca foi um mal a ser combatido. Ela só apontava, com o dedo firme e a voz baixa, aquilo que eu precisava olhar e ainda não tinha coragem. Por isso, quando ela bate na minha porta, eu a deixo entrar. Convido para conversar e tomar um café – sem açúcar, óbvio. Peço que me mostre os caminhos que preciso parar de percorrer, os apegos que preciso soltar, os silêncios que precisam ser ouvidos. E confio. Porque, no fundo, a risada dela também é a minha. Somos a mesma pessoa, não é mesmo?

Não a julgo, não a coloco numa prateleira de sentimentos indesejados. Eu a convido para entrar e deixo que me conte, nem sempre com palavras claras, aquilo que preciso saber para seguir. A tristeza nunca vem à toa. E, quando escutada com afeto, não pesa. Ensina. Cuida. Cura. E vai embora na hora certa. Como tudo que é verdadeiro.

* * *

Felicidade é a arte de se abrir, dia após dia, ao mundo dentro e fora de você; não é sobre acumular alegrias nem se blindar de tristezas, mas dizer sim à vida e, sobretudo, à força pulsante que reside em você.

Felicidade não é esse troféu dourado que a gente recebe no fim da vida quando fez tudo certo. Também não é um estado permanente que se alcança depois de atingir um estágio máximo de evolução pessoal e espiritual.

A felicidade é teimosa. Ela se esconde em lugares banais, nos intervalos do caos, nas pequenas coisas que a gente vive entre uma frustração e outra. Uma bebida quente num dia difícil. Um abraço que tira o peso das costas. Um silêncio que, por algum motivo, acalma. Mas a gente insiste em achar que só será feliz quando algo especial e grandioso acontecer.

Quando a conta bancária estiver cheia, quando o amor chegar, quando a cabeça parar de doer. Mas felicidade não é um depois. É um agora mal-ajambrado, às vezes meio torto, mas ainda leve, risonho e acolhedor.

O problema é que a gente quer a felicidade sem ter que se abrir à vida. Quer sentir tudo de bom, mas sem correr o risco de doer. E aí mora a grande armadilha: não dá para se blindar da tristeza sem também bloquear a alegria.

Ou você se abre, ou vira pedra. E pedra não sente nada.

A felicidade não vem com manual, nem faz barulho quando chega. Às vezes, ela só precisa de espaço. Só precisa que a gente se permita viver de maneira um pouco mais leve, um pouco mais despretensiosa. Menos cobrança, menos exigência, menos ideal. Mais real. Mais riso bobo. Mais entrega honesta ao que estiver acontecendo.

No fim, ser feliz é isso: um esforço diário de abrir o peito mesmo sabendo que pode doer. Porque é assim que a vida entra. E é assim que, no meio do cansaço, a gente ainda encontra espaço para sorrir da possibilidade de a vida ser somente uma bonita possibilidade de encontro.

* * *

Proteger o coração é como guardar um pássaro numa gaiola. Ambos nasceram para ser livres.

Tem gente que, depois de se machucar, decide fugir das emoções. Acha que, assim, vai evitar novas dores. Mas o que muitos se esquecem é que coração guardado demais também adoece. Porque o coração não foi feito para ser enjaulado. Ele pulsa, transborda, chama, canta. Ele quer sentir. E sentir, por mais assustador que às vezes pareça, é o que nos mantém vivos por dentro.

Proteger o coração com medo de sofrer é como prender um pássaro em nome do cuidado. Pode parecer seguro, mas, com o tempo, perde-se o canto, a vibração, o voo. A liberdade do coração está justamente na sua capacidade de se emocionar, de se abrir, de acreditar, mesmo depois de tantos tropeços. Porque o coração não nos leva direto ao sofrimento, ele apenas aponta a nossa verdade. E, como toda vivência na vida, ela pode machucar... ou não.

Não culpe o coração por ter te levado até um lugar que doeu. A dor, muitas vezes, nasce mais das projeções e das expectativas que colocamos no caminho do que da estrada em si. O coração apenas iluminou o que era real naquele momento. E isso, por si só, já é um presente.

Fugir do coração é fugir da própria essência. É abdicar da chance de se conhecer com profundidade. É trocar a possibilidade do voo por uma segurança ilusória. E, convenhamos, viver inteiro tem mais a ver com voar mesmo com medo do que com passar a vida sentado à beira da gaiola.

Então, por mais que algumas despedidas ainda queimem, e que certas memórias tragam um nó na garganta, não se afaste do seu coração. Ele é bússola. Ele é abrigo. Ele é o único lugar onde a sua verdade nunca se esconde. E é nele que mora o seu maior voo.

* * *

Muitos anseiam por intimidade, mas poucos estão dispostos a se expor perante o outro. Mas não se iluda: conexões profundas só brotam no solo da vulnerabilidade.

A intimidade que tanta gente sonha encontrar é, muitas vezes, a mesma que faz a gente fugir quando se aproxima demais. Porque a intimidade exige algo que o ego não gosta de oferecer: a coragem de ser visto. E ser visto não apenas no seu melhor ângulo, mas em todos eles. Não é o ideal que será revelado, mas o real, nu e cru.

Não existe conexão profunda construída na superfície. O laço verdadeiro só se firma quando as defesas caem, quando as palavras ganham silêncio, quando os olhos contam segredos que a boca nunca disse. Intimidade é suportar ser visto onde, antes, só existia proteção. Para citar o psiquiatra e psicanalista Donald W. Winnicott: "É uma alegria estar escondido, mas um desastre não ser encontrado".

Quase ninguém fala sobre isso. Quase ninguém diz que, para mergulhar de verdade em alguém, a gente vai ter que passar pelo desconforto de se molhar. Vai ter que mostrar as partes confusas, as que doem, as que ainda estão em processo. Porque o afeto real não floresce na superfície onde tudo são flores. Ele brota no solo escuro e molhado da vulnerabilidade.

Eu sei que tem hora em que é mais gostoso se esconder. Mas não se pode esconder para sempre, muito menos de todos. Se for para construir um vínculo especial, que seja a partir desse lugar: onde você não precisa fingir força nem perfeição e pode, enfim, experimentar a alegria de sair do esconderijo e ser quem você é. E, quem sabe, escapar da tragédia de nunca ser visto de verdade.

Silêncio

A FALA MAIS HONESTA DA ALMA

Falar de silêncio é falar de *ausência*; ausência de barulho, de informação, de certezas. Silêncio é *sossego, solitude, serenidade*. É um *descanso* necessário de tanto excesso.

Silêncio é *falta*, é *vazio*, é *solidão*. O silêncio é escuro e pode assustar; nele se escondem monstros e sombras. Por outro lado, a terra escura do silêncio é também *terreno de possibilidades*; um lugar onde o novo pode brotar. Para algo verdadeiro surgir, algo autêntico e profundo, é preciso haver, antes, o silêncio.

Silêncio é *contratempo* e *contraponto*; uma pontuação para que o tempo possa ser vivido com calma e para que a alma possa levantar sua voz.

O silêncio pode ser um companheiro árido, às vezes duro, mas ele me trouxe respostas que jamais imaginaria receber. O silêncio da solidão constrói uma ponte entre os nossos pensamentos mais valiosos.

Assim como um deserto é marcado pela falta – de vegetação, de umidade, de gente –, à primeira vista, o silêncio é um território seco e sem vida, desprovido de estímulos para encantar a mente e fazer o tempo passar mais rápido. Assim, os pensamentos ecoam sem distrações e, muitas vezes, parecem tomar um rumo sombrio.

É fácil querer escapar, buscar ruídos familiares para preencher os espaços vazios que ele cria. Mas se você permanece, percebe que esse desconforto não é vazio de sentido, e sim um campo fértil disfarçado. Persistir nesse lugar é como cavar em um terreno aparentemente seco e pouco generoso. No início, parece que nada vai surgir, mas, pouco a pouco, camadas mais profundas se revelam. Leva tempo até que as mãos encontrem algo valioso.

O silêncio nos obriga a desacelerar e a lidar com aquilo que, por muito tempo, evitamos sentir ou pensar. É nele que a poeira baixa e conseguimos enxergar o que realmente importa. Fugir desse encontro é como desistir antes da travessia; ficar é abrir espaço para que verdades mais sutis venham à tona, como a água que nasce de um canto esquecido da terra, mas só se revela para quem sabe esperar.

Há respostas que só brotam quando a pressa se retira, quando as vozes externas se calam e você se vê diante de si mesmo; não só daquele que você vê no espelho, mas da sombra que se esconde na luz fria do barulho.

Às vezes, é preciso atravessar o deserto para descobrir a beleza do vazio. E só assim alcançar a nascente capaz de saciar a sede da sua alma.

* * *

O silêncio ensina, acrescenta, faz crescer, melhora o raciocínio, acalma o coração e faz pensar. Em sua essência, o silêncio é música pura!

O silêncio não é um castigo, é um quarto arejado dentro da gente. Quando entro nele, as ideias param de trombar umas nas outras, a respiração encontra um ritmo mais manso e o coração ganha espaço para falar sem gritar tanto. É simples e, ao mesmo tempo, surpreendente como tudo se organiza quando o barulho decide dar uma volta no quarteirão.

Lembro de uma tarde comum na cozinha de casa. Desliguei o celular, deixei a pia secar sozinha e me encostei no balcão sem música, sem notificações, sem pressa. Em poucos minutos as perguntas que me perseguiam há dias começaram a decantar. A decisão que parecia impossível de tomar se mostrou clara. Não foi epifania cinematográfica, foi apenas quietude suficiente para eu finalmente me ouvir.

No silêncio, o pensamento fica mais limpo e o raciocínio mais vivo. A criatividade aparece sem ser empurrada, a intuição se aproxima sem disputa. O corpo entende que pode desacelerar e, quando ele descansa (finalmente), a mente pode entregar o seu melhor. Quando fico na dúvida se minha preocupação é medo ou cuidado, se a minha vontade é impulso ou desejo verdadeiro, é para lá que eu vou, para o silêncio. O que antes parecia urgente se mostra apenas barulhento. O que é essencial finalmente ganha contorno.

Percebi que ficar quieto não me afasta do mundo, me aproxima dele. As conversas ficam mais honestas depois de um pouco de silêncio intencional, decisões nascem mais responsáveis, afetos se tornam mais delicados. O silêncio não me isola, ele apenas me prepara para voltar com mais presença.

O silêncio é uma música que não precisa de instrumentos. Está no intervalo entre um pensamento e outro, no fiapo de ar que entra e sai, no jeito como a luz da tarde encosta nos objetos. Quando alcanço esse lugar, tudo fica mais nítido e mais leve. É o tipo de melodia que não se escuta com o ouvido, se escuta por dentro. E, quando toca, a vida inteira entra no compasso.

* * *

Abraçar nossa solidão não significa nos afastar do mundo. A meta não é ser autossuficiente; é ser suficientemente inteiro para que os encontros sejam mais honestos e bonitos.

Há quem enxergue a solidão como um sinal de orgulho; uma prova de ter atingido um nível mais elevado de consciência ou maturidade.

Como se a capacidade de se separar do mundo fosse uma medalha. Para mim, ficar sozinho é ferramenta, não identidade. É uma estratégia valiosa que uso sempre que preciso recuperar autonomia emocional e clarear prioridades.

Ficar só me ajuda a assentar algumas emoções que me perturbam. Na ausência de outras vozes e opiniões, reorganizo o que sinto, nomeio limites, reconheço cansaços que eu vinha empurrando sem saber o porquê. Busco o silêncio para cuidar melhor de mim.

Não quero romantizar o isolamento. Eu preciso de gente. Sempre precisei, até nos momentos que menti a mim mesmo. A pausa existe para que eu chegue melhor aos encontros. Quando volto, levo comigo a minha parte cuidada. Peço sem exigir, ofereço sem me esvaziar, digo não sem culpa. Deixo de negociar o essencial por medo de desagradar e passo a sustentar o que considero saudável.

Na prática, esse exercício interno é simples. Escrevo para entender o que penso. Caminho para baixar a ansiedade. Desligo um pouco as telas para escutar a minha própria voz. Converso comigo com honestidade, sem dramatizar e sem maquiar. Quanto menos ruído, mais critério. E com critério vem a serenidade.

Depois disso, o encontro muda de lugar. Deixa de ser refúgio para virar escolha. A conversa fica mais limpa, o afeto mais direto, os acordos mais fáceis de sustentar. Eu não espero que o outro resolva o que é meu. Eu cuido do que me cabe e, justamente por isso, posso cuidar melhor de quem está comigo.

Eu não abraço a solidão para provar que não preciso de ninguém. Pelo contrário, é nesses momentos que eu percebo como é precioso ser tocado e afetado pelos outros – e como preciso dessa conexão humana. Mas esse ato de recolhimento momentâneo, de ouvir no silêncio a minha própria verdade, é o que me permite ser inteiro o bastante para estar junto sem me abandonar.

Não me afasto para erguer um muro. Me recolho para arar a terra. E é desse solo que nascem as relações mais honestas e bonitas.

* * *

Há decisões que só podem ser tomadas com o coração. E para escutar o sussurro do coração é preciso abaixar a gritaria da mente.

Há escolhas que só ficam claras quando encosto a cabeça no peito e escuto o meu coração. A verdade é que o coração não promete finais impecáveis. Ele aponta um rumo que combina com quem eu sou. Quando sigo por ali, mesmo sem todas as respostas, não costumo me arrepender. Arrependo-me, isso sim, quando finjo não ouvi-lo.

Muita gente desconfia do coração e chama de ingênuo o que, na verdade, é verdadeiro. Enganosa costuma ser a mente quando se alimenta de ansiedade, controle e medo. O coração é outro tipo de força. Ele não berra, não corre, não negocia com a pressa. Para escutá-lo, eu abaixo o volume do mundo, respiro mais fundo e percebo o que se alarga, quando imagino um caminho, e o que se encolhe, quando imagino outro.

Também aprendi a diferenciar coração de carência. Carência pede urgência, quer prova e aplauso. O coração pede coerência. Ele não exige garantias, só pede que eu caminhe fiel ao que sinto. Às vezes o passo é pequeno, outras vezes, é um salto, mas em ambos os casos o corpo reconhece. Uma paz discreta toma lugar do pânico e isso, para mim, já é sinal suficiente.

Antes de decidir, eu silencio, encosto a mão no peito e pergunto se aquilo conversa com quem venho me tornando. Se a resposta chega como um alívio que não sei explicar, eu sigo. Pode dar certo, pode não dar. A vida nunca prometeu certezas. O que ela devolve quando escolho com o coração é algo mais precioso do que qualquer garantia. A tranquilidade de dizer, ao fim do dia, que foi o suficiente. Eu fiz o que tinha que ser feito.

Penso muito nisso quando olho minha própria trajetória. Talvez um dia eu não publique mais livros. Ainda assim, não me verei arrependido por ter escrito. Eu fiz o que achei que tinha que fazer, e isso basta. Não foi uma aposta cega no resultado. Foi um acordo com a minha essência. O coração não mede sucesso com troféus, ele mede com inteireza.

* * *

Saber se calar é uma arte. Em geral, quem tudo diz não gosta de escutar tudo o que lhe é dito.

Eu já falei demais. Falei para preencher vazios, para adquirir admiração, para provar que eu tinha razão. No fim, só deixei escapar o que deveria ter ficado comigo. Quem despeja palavra o tempo todo quase nunca oferece ouvido de verdade. E quem não oferece ouvido também não aguenta o espelho que a escuta traz.

Sustentar o silêncio dá coceira na língua. Dá vontade de responder na primeira provocação, de explicar antes de entender, de cortar o outro no meio da frase. Todo mundo conhece o ditado do peixe que morre pela boca; eu prefiro não virar isca da minha própria pressa. Quando eu seguro a palavra, percebo nuances que passariam invisíveis. Quem corre para falar chega atrasado na compreensão.

Silêncio não é omissão. Existe o silêncio que evita ferir quando a raiva tomou o volante. Existe o silêncio que abre espaço para o outro terminar o que precisa dizer. E existe o silêncio que deixa a minha palavra amadurecer para que ela saia limpa e sem a necessidade de vencer ninguém.

Quem fala tudo muitas vezes só está pedindo aplausos. A conversa vira monólogo e o argumento vira escudo da vaidade. Eu escolho a pausa, quando consigo, porque quero escutar o que é dito e o que fica nas frestas.

No fim, calar na hora certa é um ato de respeito. Com o outro e comigo. Nem toda verdade precisa ser gritada. Algumas funcionam melhor depois de um gole d'água e dois segundos de silêncio. E outras só precisam da simplicidade de um gesto, de olhar.

* * *

Se soubéssemos o quão capazes somos de nos curar, dependeríamos menos das palavras dos outros e mais do vazio fértil do silêncio.

Quando a confusão aperta, a tendência é pedir mapas emprestados, colecionar opiniões, procurar respostas do lado de fora. Às vezes ajuda. Às vezes dispersa. Clareza nasce quando você se escuta de verdade. E se escutar pede silêncio. Não o silêncio dramático do abandono, mas o simples intervalo em que você se volta para dentro e deixa a verdade surgir sem pressa.

Conselhos valem, terapia orienta, amigos sustentam. Ainda assim, atravessar a ponte é tarefa solitária. Ninguém pode respirar por você, chorar por você, decidir o seu limite por você. O que cura não é a frase perfeita de um filósofo, mas o momento em que você a reconhece por dentro e se move a partir dela. É nesse instante que o corpo desacelera e a mente entende que pode confiar.

Se faltar caminho, faça um pequeno ritual. Desligue as telas, feche os olhos, respire devagar. Coloque no papel três coisas simples: o que dói, o que depende de você hoje, qual é o menor passo possível. Não busque respostas grandiosas. Busque honestidade. Um telefonema que precisa acontecer. Um não que precisa ser dito. Um pedido de ajuda. A clareza chega aos poucos e confirma a presença com um pouco mais de paz.

Silenciar não é se isolar do mundo. É preparar o terreno para voltar melhor para ele. Ali, por dentro, as feridas começam a se reorganizar, o pensamento ganha nitidez e a autoestima deixa de depender do aplauso. Você passa a confiar menos na aprovação externa e mais no próprio alinhamento. Não some o medo, mas ele perde a posição de comando.

Com o tempo, você percebe que não precisava de tantas garantias para seguir. Precisava de contato profundo consigo. Quando a dúvida voltar, você já conhece o caminho de retorno: um pouco de silêncio, honestidade e um passo pequeno e possível.

Cura é disciplina somada à ternura. E essa combinação mora em você. Sempre morou.

* * *

A beleza externa atrai o olhar e dá asas à imaginação. Mas é a beleza interna que sustenta a presença e dá à alma um lugar gostoso para pousar. Não subestime a força da beleza que vem de dentro.

Eu sempre gostei do encanto do lado de fora. Uma roupa bonita, um sorriso que chega antes da pessoa, uma foto que faz a gente imaginar histórias inteiras. Isso tudo me leva longe. Mas o que me faz ficar é outra coisa; mesmo que eu tenha demorado para perceber. O que me dá lugar para pousar é a beleza que a gente cultiva por dentro.

Percebi isso nas coisas simples do meu dia. Quando arrumo a cama com calma. Quando preparo um café e deixo a xícara esquentar as mãos. Quando escuto sem pressa quem eu tanto amo. Quando cumpro o que falei que faria, mesmo sem vontade. A beleza interna nasce nesses gestos. É esse cuidado miúdo que deixa o meu coração mais tranquilo.

Também notei que, quando eu me trato com respeito, o barulho de fora manda menos em mim. O elogio continua doce, claro, mas já não me guia. A crítica ainda cutuca, mas não me derruba. Porque eu vou construindo, aos poucos, um chão que ninguém vê. E é nesse chão que eu descanso quando o dia é difícil.

Gosto de gente bonita por dentro. Gente que pede desculpa quando erra, que ri de si mesma, que trata bem quem não precisa impressionar. Gente que chega e deixa o ambiente mais leve, não porque fala bonito, mas porque vive bonito.

No fim, a beleza de fora me inspira, mas é a de dentro que me acalma. Se eu cuido do que carrego aqui, não fico refém do que o mundo mostra. Eu sigo vendo graça, inventando cenários, sonhando alto. E, quando o voo termina, eu tenho onde pousar.

Desapego

SOLTAR O QUE PESA PARA PODER VOAR

Desapegar é *soltar, abrir mão, deixar ir*. Tirar o peso. Tem a ver com *poda* e *limpeza*. Ou, para usar um termo da moda, detox. É o ato cuidadoso de desatar laços que não somam. Desistir do que não faz mais sentido ou não funciona.

Em certa medida, desapegar é *perder*. Mas perder hoje como estratégia para ganhar lá na frente. Ganhar *paz, leveza, foco*.

No fundo, desapegar é um ato agridoce de *liberdade*; um sacrifício em nome de um bem maior: a nossa verdade mais profunda e sagrada.

Desapegar é entender que nem tudo que cabe na mão, cabe na vida.

Por muitos anos carreguei coisas que já não eram mais minhas: objetos, promessas, versões de mim. Segurava-as com força por medo do vazio, como quem teme que o silêncio engula a casa quando a visita vai embora. Hoje, percebo que o que eu precisava mesmo era da maturidade para entender que, muitas vezes, o que a alma pede é menos, não mais. Menos informação, menos distração, menos barulho para poder escutar o que precisa ser ouvido.

Desapegar é um ato de amor-próprio. É abrir as janelas e deixar o ar trocar de lugar. É olhar para as gavetas que abrimos e fechamos dentro de nós e admitir que algumas lembranças já viraram poeira, alguns sonhos mudaram de roupa, algumas pessoas cumpriram o papel mais bonito que podiam. Faz parte da vida esse movimento, essa circulação.

Aprender a deixar ir é um treino gentil. A gente nomeia o que fica, abençoa o que vai e segue. Não é desprezo, mas respeito ao ciclo saudável das coisas. É ajustar limites, reorganizar prioridades e permitir que o tempo faça a parte dele sem a nossa teimosia atrapalhando.

A nossa gratidão não deveria fazer reféns. A vida muda, e a gente também. Quando aceitamos isso, o que fica dentro encontra um lugar melhor para estar.

No começo dói ver a mão tão vazia. Depois, a gente percebe que mãos vazias também são convites que dão lugar a um abraço, um trabalho novo, um cuidado antigo que voltamos a ter conosco. O coração, sem o peso do que já não faz sentido, aprende um ritmo mais manso. E a vida, com menos ruído, responde. Dormimos melhor, falamos com mais serenidade, respiramos sem pressa. E, finalmente, a disponibilidade que antes era gasta para segurar passa a sustentar o que realmente importa.

* * *

Um passado florido não pode justificar um presente cheio de espinhos. Se viver de relembrar está mais gostoso do que construir novas memórias juntos, talvez seja hora de fazer uma poda.

Há relações que a gente mantém porque o começo foi lindo. As fotos, as histórias, a intimidade que nasceu ali. Mas, quando olhamos para o hoje, vemos que a alegria ficou curta e o esforço longo demais. O riso diminuiu, as conversas viraram protocolo, os encontros perderam o brilho que existia sem precisar forçar. E forçar o brilho cansa.

Dedicação é necessária, mas não se alimenta do vácuo. Ela precisa de resposta, de cuidado mútuo, de construção no presente. Quando os planos não saem do papel, as promessas se repetem, pedidos simples viram conflito e o cansaço não vai embora, a gente entende o recado. A gente tenta, conversa, combina novos acordos. Mas, ainda assim, o agora não encontra leveza.

Em algum momento, a pergunta chega: se o presente não está saudável e o futuro não está claro, qual é o sentido de sustentar?

Não estou falando de desistir fácil, mas de não se abandonar. Ficar apenas porque um dia foi mágico aprisiona os dois num lugar que já não existe. Amor pede presença, não um passado florido. Amizade pede troca, não apenas lembranças legais.

A história entre duas pessoas merece carinho e respeito, claro, mas não pode virar justificativa para o que não está saudável há tempos. Se a relação só se apoia na memória, falta chão para o passo seguinte. E, sem passo seguinte, o cotidiano vira um "até quando?".

Se viver de relembrar ficou mais confortável do que criar o novo "a dois", talvez seja hora de cortar algumas coisas. Podar não é punir, é cultivar, é cuidar. É escolher o que ainda pode crescer com verdade e deixar ir o que não tem mais como florescer. Porque o relacionamento, assim como uma árvore, não é bom porque está de pé, mas

porque está vivo, vibrante e oferecendo sombra e descanso para quem está perto.

* * *

Chega uma idade em que a gente precisa chacoalhar a árvore das amizades, dos amores, e até das pessoas que seguimos nas redes sociais, para observar se essas relações ainda fazem sentido.

Eu demorei para entender, mas o tempo me ensinou. Fui percebendo que segurar tudo por lealdade ao passado me deixava sem espaço por dentro. Comecei a olhar, com calma, para as relações e para o meu próprio jeito de estar no mundo. Algumas amizades já não conversavam com quem eu me tornei. Alguns amores pediam descanso. Algumas vozes nas redes sociais ocupavam a minha cabeça sem me fazer bem.

Há quem acredite que isso é descartar pessoas. Mas não enxergo por esse prisma. Para mim, foi sobre cuidar do meu espaço interno. Eu fui chacoalhando o que não fazia mais sentido, ajustando proximidades, silenciando o que me fazia mal, me aproximando do que me fazia crescer. Em alguns casos, bastou mudar a frequência dos encontros. Em outros, precisei dizer adeus, mesmo sem dizer nenhuma palavra. Também parei de me culpar por deixar de seguir quem me desorganiza. Não é falta de empatia. É higiene emocional.

Quando a gente dá esse passo, a culpa pode entrar e fazer cobranças. Deixa ela falar, mas saiba que, depois, a paz chega. O coração volta a ter espaço para o que importa, a conversa fica mais sincera, o dia ganha leveza. Eu sigo grato pela história que vivi com cada pessoa, mas não me obrigo a permanecer onde já não há troca.

Continuo aberto ao reencontro, se um dia fizer sentido. Hoje, escolho relações que respeitam quem sou agora. Descobri que deixar ir também é um jeito de ficar mais perto de mim.

* * *

O perdão é um nó desatado; ao soltá-lo, descobrimos uma água parada que volta a fluir. Quem perdoa é presenteado com um coração mais leve, pronto para receber e oferecer vida e beleza.

Às vezes a dor fica estagnada dentro da gente. Repassamos a cena na nossa cabeça *ad aeternum*, para tentar entender; alimentamos a raiva em doses homeopáticas, como se isso pudesse consertar o passado. No fim das contas, nada muda do lado de fora e, por dentro, quem paga o preço somos nós: o corpo endurece, a cabeça não descansa, o coração perde espaço para o que ainda pode ser bom.

Perdoar não é esquecer. Não é fingir que não sentiu dor. Não é voltar para onde não somos respeitados. O perdão não exige convivência, mas honestidade com o que nos faz bem. É reconhecer a ferida, dar nome ao que aconteceu, assumir limites e escolher não deixar que a ofensa governe os próximos capítulos. É um ato de cuidado com a própria saúde emocional.

Também não tem a ver com reconciliação, necessariamente. O perdão pode caminhar ao lado da distância e de novos acordos. É um ajuste interno para que a vida siga de forma mais confortável, sem aquela fisgada constante de dor. A gente não perdoa para trazer o outro de volta para o coração; a gente perdoa para voltar a ter um coração generoso.

A gente se ilude achando que, ao não perdoar, estamos fazendo o outro pagar o preço por nos decepcionar. Ledo engano. Somos nós que estamos sendo punidos, dia após dia, ao não nos conceder a leveza que o perdão traz. O outro, muitas vezes, não está incomodado como imaginamos, mas quem permanece cativo da dor somos nós, orbitando a mesma cena. Perdoar é encerrar o tribunal por dentro, arquivar a acusação e devolver energia ao que realmente importa.

Quando o perdão acontece, a vida volta a circular e nos devolve a escolha. Não muda o que aconteceu, mas muda o lugar para onde seguimos. A memória permanece, mas perde o fio que nos puxava para baixo. E, assim, sobra disponibilidade para olhar ao redor, acolher quem nos quer bem e recomeçar com critérios mais firmes. Quem perdoa não se rende; se reconquista.

* * *

Todo final, por mais doloroso que seja, abre espaço para que algo novo surja. Cabe a nós decidir se será um recomeço em direção a quem gostaríamos de ser ou uma eterna pedra no meio do caminho.

A dor chega para todos. E raramente pede licença. Às vezes é um beliscão, um peteleco do destino. Às vezes é uma bofetada que nos tira do prumo: um término, uma demissão, um diagnóstico que muda a nossa vida para sempre. Isso é a dor, o fato em si, o que aconteceu. Ninguém escolhe.

O sofrimento começa depois, quando a cabeça tenta comandar o que não tem controle.

A gente repassa conversas, procura culpados, experimenta infinitos cenários que começam com "e se". E tudo isso não passa de uma mania neurótica que prolonga o que já acabou, como se reviver a cena pudesse mudar o desfecho. Como se ficar com a dor fosse mais cômodo do que partir para o novo.

Todo fim abre espaço para o novo. E aí nasce a escolha: transformar esse espaço em recomeço necessário – uma oportunidade para, quem sabe, se aproximar de si mesmo – ou ficar parado, capturado pela promessa de descobrir o que de fato aconteceu e por quê.

A segunda opção parece tentadora, mas, ao ficar nela por muito tempo, você pode acabar deixando um futuro mais leve escorrer pelas mãos. Nenhum sentimento dura para sempre; o tempo tem um jeito discreto de organizar as coisas por dentro. Mas, para isso acontecer de fato, a gente tem que parar de brigar com a realidade.

Recomeçar não é apagar o passado, é continuar de outro jeito. É perguntar o que aprendemos, o que precisa de limite e o que merece mais cuidado. É retomar pequenos hábitos que sustentam o dia: comer melhor, mexer o corpo, organizar a casa, ligar para quem nos quer bem, marcar uma conversa honesta. É aceitar o ritmo do corpo sem cobrar resultados imediatos. O novo não precisa ser grande, só precisa ser verdadeiro; só precisa estar alinhado com nossa essência, nosso bem maior.

Um passo sólido de cada vez pode não parecer grande coisa, mas é uma caminhada na direção certa.

* * *

Para dizer adeus ao que não nos faz bem, não é necessário apontar culpados; isso apenas alivia o peso das nossas escolhas. Simplesmente deixe ir, sem criar vilões ou mocinhos.

Vivemos num mundo que gosta de dualidades: certo e errado, bom e mau, mocinho e vilão. É natural, então, analisarmos uma situação tentando encaixar pessoas, atitudes e decisões nessas caixinhas. E quando nos deparamos com um momento de ruptura, seja dentro de um relacionamento amoroso, um vínculo de trabalho ou qualquer outro ato que implique o adeus, é muito tentador apontar culpados.

Já fiz muito isso, mas hoje reconheço que a vontade de apontar culpados é só uma forma de reduzir o desconforto de encerrar um ciclo. Finais são difíceis, causam dor. Para justificar o adeus, a gente busca um motivo à prova de bala: um erro imperdoável, uma diferença insuperável, uma traição terrível. Fazemos de tudo para aliviar a própria consciência, para nos tirar do lugar do vilão da história. Mas, muitas vezes, o motivo do fim não é tão grandioso. Às vezes, é simples: não está mais fazendo sentido. E isso, por si só, deveria ser motivo suficiente para partir.

Encerrar pode ser um gesto sereno. Não precisa de dossiê nem de declaração pública. Não precisa de drama, muito menos de humilhação. Basta nomear o que é verdadeiro, assumir a própria decisão e respeitar limites. Agradecer o que foi possível, reconhecer o que deixou de ser, escolher um caminho que honre a sua paz emocional. É sobre responsabilidade, não sobre espetáculo.

Quando a gente não cria vilões, a memória fica mais leve. Fica o que agregou, não o que corrói. Fica a dignidade de ter escolhido com honestidade, não a necessidade de vencer uma disputa imaginária. Ir embora sem condenar ninguém é uma forma de seguir um caminho movido pela promessa de algo mais verdadeiro, não pela dor da falta, muito menos pelo desejo de vingança.

Terminar uma história já é difícil por si só. Talvez seja necessário mobilizar um pouco a sua raiva, para ter forças para dar os primeiros passos. Mas, assim que possível, deixe a ternura voltar. Deixe ir, sem rótulos de mocinho ou vilão. Siga com leveza e coloque cada coisa no lugar certo da memória. O fim não precisa de culpados, só precisa de coragem.

* * *

A cada caminho escolhido, deixamos outros para trás. Se focarmos no que pode ter sido perdido, perderemos a beleza do que foi abraçado.

A cabeça adora fabricar possibilidades e cenários. A imaginação cria versões perfeitas do que não vivemos. Só que o caminho que não escolhemos não tem falhas, contas para pagar ou dias ruins. É cinema. E cinema não paga o preço da vida real.

Eu sempre digo, e repito porque me orienta, que não dá para viver o desafeto das escolhas que a gente não fez. Se decidimos por um rumo, precisamos morar nele. Senão, viramos figurantes da nossa própria história, sempre olhando por cima do muro, comparando o possível idealizado com o real que é ordinário e suscetível a falhas. Morar na própria escolha é reconhecer custos e ganhos, assumir o que ela exige e colher o que ela oferece.

Escolher com base no que acreditamos deixa tudo mais confortável. Quando a decisão nasce da nossa verdade, e não do medo nem da vontade de agradar, o resultado pesa menos. O termômetro deixa de ser "deu certo ou deu errado" e passa a ser "fui leal a mim?".

A paz que vem daí sustenta os dias. E, se a rota pedir ajuste, a mesma honestidade aponta o próximo passo.

Estar presente nas escolhas não é fechar portas para sempre, mas honrar a porta que abrimos agora. Se em algum momento fizer sentido mudar, mudamos com responsabilidade. Partimos de novo daquilo em que acreditamos e não da fantasia do que poderia ter sido. Trocar de caminho, quando necessário, não é negar o passado, mas cuidar melhor do presente.

A cada caminho escolhido, outros ficam para trás. É assim que a vida acontece. Quando paramos de florear o que não foi e cuidamos do que é, a beleza do que abraçamos aparece. Não tente florescer todos os jardins. Regue o seu.

* * *

Existe a alegria que chega quando algo dá certo. E existe aquela que nasce só por ter sido corajoso.

Nem toda alegria vem porque deu certo. Existe uma alegria que aparece quando a gente foi fiel a si mesmo. Falar "eu te amo" sem garantia de resposta. Encerrar o que já não estava mais nos fazendo bem. Engolir o orgulho e pedir perdão. Embarcar num projeto que entusiasma, mesmo com medo de fracassar. Esses movimentos alimentam nossa dignidade pelo simples fato de terem brotado do que é verdadeiro para nós.

A gente faz muita coisa em nome dessa honestidade interna. Nem tudo que fazemos é calculado para colher frutos. E ainda bem. Ser honesto com o que é nosso não é motivo de vergonha. Pelo contrário, é a raiz da autoconfiança. Quando a intenção é limpa, a cabeça descansa. A ansiedade perde espaço porque o foco deixa de ser controlar e passa a ser a integridade do próximo passo.

A coragem mora nos pequenos movimentos. Às vezes é tão singelo quanto levantar a mão numa reunião. Ou admitir que não sabemos a resposta. Onde o desejo sincero encontra um desfecho incerto, pode ter certeza de que ali há vulnerabilidade, medo e, com sorte, coragem.

Claro que resultados importam. Mas nem sempre são o melhor termômetro. Às vezes, a vida pede somente coragem e nada mais. E, quando a gente escolhe agir pelo coração, algo brilha dentro de nós. Ficamos mais inteiros, mais claros, mais presentes. Precisamos entender que isso já é recompensa! Um sossego manso que diz: você foi fiel à sua verdade e ao seu desejo. Mesmo que o mundo não te devolva o abraço que você gostaria, a alma reconhece. E essa alegria de ter sido corajoso ninguém tira.

Presença

ESTAR ONDE OS PÉS PISAM

Presença é *foco*, é escolher estar aqui e agora, mesmo quando a cabeça insiste em fugir para ontem ou para amanhã. A presença é um encontro íntimo com a vida que acontece agora. É um *abraço ao tempo presente*, um convite para viver com mais calma, verdade e inteireza.

Na prática, estar presente é preencher de *atenção e intenção* até mesmo as menores coisas. É dedicar-se inteiramente ao *instante*, como se fosse o único disponível. *Atenção plena* ou, para quem prefere palavras importadas, *mindfulness*.

A presença é a morada da clareza, da conexão e da calma profunda que tanto buscamos.

Encontramos o nosso lugar no mundo não em um lugar físico, mas em um sentimento de lar que alimentamos dentro de nós mesmos.

Demorei a entender que ambientes descolados não são garantia de me sentir em casa. Já morei em lugares bonitos em que eu vivia triste e sentia que estava de passagem. Já entrei num quarto simples e respirei como quem volta para si. O que faz a diferença não é a localização, nem a vista da varanda, mas a verdade que consigo preservar em mim diante do lugar.

Hoje, vejo com mais clareza a diferença entre casa e lar. Casa é construção: paredes, janelas, móveis, plantas. Lar é coerência: um lugar íntimo onde as escolhas respondem ao pedido da alma. Casa é onde eu chego; lar é onde eu me encontro. Casa abriga o corpo; lar acolhe quem estou me tornando.

Casa vira lar quando há encontro, cuidado, amor-próprio. Não como um mero discurso, mas como prática concreta, e também discreta. Para mim, é a escolha de não me abandonar pela pressa dos outros. É o compromisso em respeitar meus limites. Eu pratico o amor-próprio quando me disponho a mudar e reorganizar a vida para cuidar melhor de mim. Quando eu falo o que sinto, mesmo quando seria mais fácil apenas concordar ou me calar. Quanto mais honestidade por dentro, mais sossego por fora.

Sempre que duvido do meu lugar no mundo, busco colocar presença e atenção às pequenas rotinas: o café que faço do meu jeito, as palavras que escolho com esmero, a conversa sincera com quem me escuta, a caminhada que reorganiza meus pensamentos.

Pertencer é estar inteiro onde eu estiver. É carregar um lugar interno que não se alimenta do humor do mundo, das tragédias ou dos fracassos, da sorte ou dos aplausos, mas da obstinada decisão de estar no aqui e agora, mesmo nos momentos mais mundanos. Quando habito esse lugar, a vida deixa de ser busca e começa a ser lar.

* * *

A capacidade de se conectar com o mundo ao nosso redor e encontrar beleza e significado em cada experiência é o fio invisível que nos conduz à tão sonhada paz interior.

Estar presente é um treino. Não nasce do nada. Começa quando a gente desacelera um pouco o olhar e aceita participar do que já está acontecendo: a luz escorrendo pela mesa, o peso da xícara de café na nossa palma, a árvore da esquina mexendo como quem dança. Quando estamos ali de verdade, o mundo deixa de ser cenário e se torna um bonito encontro.

A corrida por mais coisas, mais conquistas, mais sucesso, costuma ampliar o nosso vazio. Nada contra o conforto; o problema é esperar que objetos façam o trabalho da alma. Por mais que a gente se fascine com a inteligência artificial, somos seres biológicos e relacionais. Muito mais do que o novo brinquedo tecnológico, nosso corpo pede tato, contato; temos fome de conexão com o concreto, seja ele o olhar de quem amamos, o abraço de um amigo, ou o calor do sol na nossa pele.

A atenção é mais rara e mais preciosa que qualquer novidade. A arte lembra disso. Uma canção, um quadro, um poema lido em voz baixa reorganizam por dentro o que a pressa espalhou. A natureza confirma que não há notícia que nos traga a calma do barulho da chuva ou do silêncio depois dela.

Dá para desfrutar do simples ao caminhar sem fones só para ouvir a cidade. Preparar o almoço com calma, como quem devolve tempo aos próprios gestos. Olhar com interesse para quem fala. Abrir um livro e saboreá-lo em vez de simplesmente engolir as palavras; permitir que as palavras e as ideias fiquem conosco o dia inteiro. Pequenas escolhas assim afinam o ouvido para o que importa.

E quando a atenção encontra o mundo, o sentido aparece nos detalhes. Um agradecimento sincero. O trabalho que, hoje, fez diferença para alguém. A conversa que trouxe clareza. A respiração que voltou ao ritmo. A nitidez que a falta de euforia traz. A paz interna se torna possível quando a vida do lado de fora é recebida como ela é e, ainda assim, escolhida.

* * *

Presente em mim, me encontro sereno. Não porque tenho as respostas, mas por sentir que assim estou preparado para recebê-las.

Quando estou presente, a ânsia por respostas diminui. Percebo que minha inquietação pelo saber nasce mais do desejo de aliviar culpas e controlar o incerto do que de uma vontade real de compreender. Respostas apressadas são atalhos que simplificam o que é complexo. A presença, ao contrário, amplia o cenário e, ao invés de oferecer respostas, melhora a qualidade das perguntas.

Poucas coisas nessa vida são tão valiosas quanto aprender a fazer boas perguntas. Porque não são as respostas que transformam, mas o processo de chegar até elas. E se as perguntas forem rasas, até mesmo a resposta mais sensata levará a um lugar raso ou desinteressante.

Por isso, aprendi a cultivar as minhas dúvidas. Em vez de exigir solução, observo como elas me movem, o que pedem de mim, que partes de mim convocam. Há perguntas que não se resolvem com um "sim" ou "não"; elas pedem tempo para decantar no corpo, pedem silêncio para revelar contorno. Nesse estado, o entendimento deixa de ser um veredito e se torna um sentir que se organiza por dentro.

Também entendo que maturidade não é saber tudo, mas estar inteiro o bastante para receber o que vier. Mesmo que leve dias, semanas ou meses. Enquanto isso, sigo trabalhando, descansando, conversando, cuidando do que está ao alcance. Quando a cabeça não está em guerra com o agora, o que é essencial encontra passagem.

A serenidade não vem porque acumulei respostas, mas porque parei de exigir que elas aparecessem no meu tempo – no prazo irreal que criei na minha cabeça. Assim, a presença me deixa preparado. Quando a resposta vier, chegará como quem encontra a porta aberta. E, se demorar, tudo bem, pois aprendi que a presença ensina a ler sinais discretos e a confiar no ritmo da vida.

* * *

A felicidade não vive de ilusões. Ela nasce do que é real, do que já existe. Acreditar no futuro é bonito, mas é o presente que sustenta o que sentimos.

Felicidade não é um projeto de longo prazo, nem um contrato que fazemos com o futuro. É uma percepção que nasce no agora, quando cessam as exigências e os pré-requisitos malucos que a gente cria para tentar ser feliz. "Quando mudar de emprego", "quando fizer aquela viagem", "quando tudo entrar nos eixos". Podemos flertar com o futuro, claro, mas quem sustenta o coração é sempre o presente.

A felicidade não é um estado de plenitude, mas a capacidade de captar a beleza fugaz que aparece nos intervalos da vida. No riso que invade uma conversa séria, no ato mundano de deitar no chão ao chegar do trabalho e ser recebido pelo cachorro, numa música esquecida que soa como se fosse a primeira vez. É um instante de boa desatenção, quando a vigilância cai e o real se mostra suficiente. Nada grandioso ou genial, apenas verdadeiro.

A simplicidade torna as alegrias mais inteiras. Se alguém só se percebe feliz nas grandes euforias, não aprende a gostar do que é tranquilo, não desenvolve o apreço pelo cotidiano. O grandioso traz um brilho único, mas é do simples que a vida é feita. Essa percepção ampliada do que é felicidade comporta até os momentos de tédio, e uma vida saudável inclui o tédio. Experiências eufóricas chegarão e serão incríveis, mas se a existência virar uma busca constante por prazer e novidade, ela acabará sendo pontuada por frustrações constantes, como ondas que nos impedem de flutuar no mar da felicidade.

É gostoso fantasiar. É gostoso também se empenhar para realizar sonhos grandiosos. Mas algo em nós precisa da pausa necessária para desfrutar do aqui e agora. E é nessa pausa consciente, nessa presença larga aos pequenos detalhes do dia a dia, que a felicidade consegue pousar, como um beija flor.

* * *

Abraçar é não ter tempo para pequenezas, pois, durante um abraço verdadeiro, tudo é grande. Cada palavra tem o peso de dez. Cada olhar, cada toque, vale por mil.

A vida é curta demais para ficar brigado, para guardar rancor, para se distanciar dos outros por orgulho ou por preconceito. A sociedade cria muitos motivos pra gente se proteger; fechar a guarda, segurar o afeto, blindar o coração. Mas se tem algo que a gente perde quando guarda é o afeto. Então, não podemos adiar os abraços. Liga. Manda mensagem. Diz "eu te amo". Pede perdão quando couber. Aparece. O resto dá para resolver depois.

Num abraço verdadeiro, as miudezas perdem a força. As contas, o mal-entendido, o orgulho bobo ficam menores - se não para sempre, pelo menos por alguns segundos. O corpo entende antes da cabeça. O ombro desce, a respiração solta, o coração encontra ritmo. Esse pouco já é muito.

Tem horas que um abraço diz tudo. Depois de uma briga besta na cozinha. Antes de dormir, para não levar o peso para a madrugada. No corredor de um hospital. Na porta do aeroporto. No reencontro que demorou.

E, quando os braços envolvem o outro, seja um amor, um amigo, um parente ou um desconhecido, aproveite para relaxar e sentir. Saia um pouco da cabeça e sinta o calor, a pressão, o toque, o cheiro. Abrace com todos os sentidos, não apenas com os braços. Deixe a emoção surgir, mesmo se ela teimar em vir junto com um estranhamento, um desconforto, uma vontade de partir antes mesmo de chegar. O abraço comporta tudo isso. Está tudo bem.

Quando estiver precisando se lembrar que nem tudo está perdido, que o futuro não está garantido - e tudo bem! - ou que você não está tão sozinho quanto imagina, dê um abraço. Mesmo que tenha que pedir por ele. Você não irá se arrepender.

* * *

Busque o que lhe traz alegria de viver, o que te faz vibrar enquanto o tempo dos outros só passa; a gente precisa se sentir importante e especial fazendo o que faz.

A gente passa anos tentando agradar, se encaixar, caber nos moldes da família, do trabalho, dos amigos que escolhemos (ou os que foram escolhidos por uma versão antiga de nós). Em algum momento, é preciso inverter a direção e começar a buscar os nossos encaixes internos. Encontrar um lugar sereno em nós, aquele sentimento de paz que aparece quando o que fazemos conversa com quem somos.

Não é sobre sucesso, dinheiro ou o troféu que disseram que deveríamos conquistar. É sobre um alinhamento que se manifesta na leveza, na serenidade. Que surge quando fazemos algo e sentimos um orgulho silencioso: ficou bonito, é a minha cara, tem a minha alma. Encaixou.

A gente precisa se sentir importante no que faz, não pela validação do público, mas pelo cuidado que coloca em cada gesto. Viver pedindo retorno externo é cansativo, pois ficamos nas mãos do humor alheio. Bom mesmo é terminar algo e sentir que você se deu o seu melhor, que se colocou por inteiro ali. É olhar para o próprio trabalho e ver mais do que apenas um ganha pão, o caminho para um fim, mas um processo todo que envolve esforço, entrega, serviço.

O propósito não é uma voz divina que vem do céu, mas uma sensibilidade sussurrada que, dia após dia, vai clareando o caminho. A gente testa, erra, ajusta, aprende a ler o que faz bem e o que esvazia. Não precisa de um momento de grande inspiração, mas de fidelidade ao que pulsa. Quando há fidelidade, o sentido aparece de forma suave.

Então, na dúvida, volte para o simples. Volte para o que te alegra por dentro, para o que te dá a sensação de valor mesmo sem aplauso. Cuide para que a sua vida não seja calibrada pelo que os outros acham bonito. Não importa quantas pessoas correm atrás de aprovação. Escolha habitar o seu tempo. Busque o que te faz vibrar e sustente isso com carinho e perseverança. É assim que a vida fica mais leve, mais divertida e, principalmente, mais sua.

* * *

Imaginar a catástrofe não nos protege da dor da perda ou da rejeição, só nos afasta da coragem necessária para realizar nossos sonhos e da capacidade de desfrutar daqueles que já conquistamos.

Ensaiar os piores cenários dá a sensação de preparo, mas é só uma maneira polida de dar as rédeas à ansiedade e alimentar o desespero. A mente antecipa perdas, rejeições e desfechos ruins como quem tenta amortecer o impacto. No entanto, nada se amortiza. Só se adia o passo e a gente se angustia no agora.

A dor, quando vier (se vier), virá no tempo dela. Antecipá-la mentalmente não protege, somente desgasta. É como pagar juros por um evento que talvez nem aconteça. Enquanto isso, aquilo que já foi conquistado fica sem testemunha. A alegria resulta da nossa atenção, e essa cautela obsessiva, que catapulta a mente a um futuro imaginário, e muitas vezes improvável, rouba esse foco no aqui e agora.

Em vez de dar força ao futuro, é preciso se voltar para o que dá para ser feito hoje; reconhecer o que de fato está ao alcance e agir a partir daí, mesmo com todas as incertezas, mesmo com o medo de quebrar a cara ali na frente. O medo não precisa sumir; só não pode estar no comando sempre. Bota o resto para jogo: a curiosidade de tentar, o coragem de dar rédeas ao coração, a doce antecipação por novas experiências, a esperança de construir uma vida mais calma. Deixe o corpo entrar em campo e a cabeça sossegar um pouco. É assim que os sonhos encontram espaço para virar trabalho, gesto, caminho.

Viver pede risco moderado e um estado de presença. Menos roteiros de desastre, mais tentativa e erro, tentativa e acerto. Ao escolher a realidade em vez da previsão sombria, preservamos a capacidade de desfrutar o que já é nosso e abrimos passagem para o que ainda pode ser. A coragem cresce onde a atenção cresce. E é ela que nos faz dar um passo em direção aos nossos sonhos sem nos afastar da alegria que já está aqui, sob nossos pés.

Vínculo

A ARTE DE SE RELACIONAR

O que estou chamando de vínculo pode ser substituído por *conexão*, *laço* ou até mesmo *amor*.

Vínculo é a *força que une* duas ou mais pessoas. É o *elo* que possibilita a *relação* genuína, a *intimidade* e a sensação de *pertencimento*.

Por sermos criaturas sociais e *interdependentes*, não somos autossuficientes; nossa vida se constrói em relação ao outro. Nosso bem-estar e a nossa saúde dependem dos relacionamentos. E para os relacionamentos serem bons, é preciso ter vínculo.

O vínculo é o tecido da humanidade; é o que nos aquece e nos cobre de afeto e sentido.

O amor que vale a pena — inclusive o que nutrimos por nós mesmos — está a serviço do ser, não do ter.

A gente aprende cedo a confundir amar com possuir. Coloca nome, pronome possessivo e expectativas de garantias que não existem. Como se o sentimento só fosse real quando coubesse numa gaveta. Mas amor não é objeto para guardar. Amor é experiência. Ele acontece, atravessa, transforma, e o nosso trabalho é agradecer e abrir espaço para que exista.

O apego quer controle. Pede prova, exige garantia, instala uma vigilância cansativa. Amor é outra língua. Ele oferece presença, cuida sem apertar, confia no ritmo. Se o apego diz "quero que você me faça feliz", o amor responde "quero que você seja feliz, e que bom se isso for ao meu lado".

Amar alguém e amar a si não se excluem. Pelo contrário, se afinam. Quando me trato com amor, não peço ao outro que tampe buracos que são meus; convido-o a caminhar. Quando coloco limite, não expulso; preservo aquilo que torna possível ficar. O amor que vale a pena não precisa converter ninguém, só precisa de duas verdades que aceitam crescer uma perto da outra.

Pense numa flor. Quem ama rega, observa, dá luz, aceita as estações. Não arranca para chamar de sua. O gesto de arrancar mata o que se admirava. Com a gente é parecido: quando a mão afrouxa, o vínculo respira. Quando a gente para de apertar, surge ternura onde antes havia medo.

Por isso, abrir-se ao amor é mais preparo do que uma procura incessante. É arrumar a casa por dentro para que o encontro tenha onde pousar. Nem tudo será perfeito, nem sempre será fácil, e ainda assim haverá beleza. Porque o amor, quando não é forçado a virar troféu, floresce naturalmente.

* * *

Poucas coisas nesta vida são tão boas como sentir-se compreendido. Tem gente que nos proporciona, sem aviso, instantes de pura conexão. Sem dúvidas, é o meu tipo preferido de companhia.

Eu busquei ser compreendido a vida inteira. E estaria mentindo caso dissesse o contrário. Desde que a gente se descobre gente, existe esse desejo de ser visto sem precisar se explicar demais. Demorei a entender que o que é verdadeiro em mim não deveria ser motivo de vergonha ou omissão. É apenas quem eu sou.

Na infância, muitas vezes ouvimos que era para falar mais baixo, não chorar, não levar as coisas tão a sério, não ser "tão assim"; vamos nos ajeitando para caber em moldes que não foram feitos para nós. Colocamos defeito no que era traço, engavetamos o brilho para não incomodar, aprendemos a traduzir a própria língua antes de dizer qualquer coisa. Crescemos com essa pequena tensão nos ombros, como se existir pedisse justificativa. Por isso, quando alguém nos entende sem rodapé explicativo, alguma coisa antiga se aquieta.

Sentir-se compreendido é como receber um olhar caloroso que nos aquece em lugares que nem sabíamos que estavam gelados. É quando alguém escuta o que dizemos e, sem pressa, alcança também o que não coube nas palavras. Um pouco de todos os meus livros é isso: uma troca homeopática de compreensão. Quando a gente se identifica e se conecta, vê o semelhante no outro, apesar de tantas aparentes diferenças, podemos, enfim, serenar em nós mesmos. E, assim, a solidão diminui um degrau. E, às vezes, é o que precisamos: nos sentir menos perdidos e menos solitários em um mundo que, à primeira vista, pouco se importa com quem somos e com o que sentimos.

Compreensão é o oposto de julgamento. É uma sabedoria mansa que nos tranquiliza para que não seja necessário nos esconder tanto, nos proteger tanto. Tira da gente o cansaço das respostas certas, da busca por aprovação e do esforço de pertencer a caminhos que não são nossos. Coloca no chão, com os pés descalços, brincando de novo com o que mais gostamos: a nossa versão antes não compreendida.

Talvez a gente vá embora desta vida ainda buscando a compreensão dos outros e não a encontre. Talvez demoremos anos para aceitar o que somos. Mas, sem dúvidas, quando esse encontro acontece, mesmo raro e breve, a paz se acomoda entre nós, e isso, por si, já basta.

Sentir-se compreendido não é luxo, é cuidado com essa criança de ontem que só queria ser recebida como era.

* * *

As pessoas revelam quem são e o que valorizam através de suas ações e atitudes, especialmente as menores e aparentemente mais insignificantes. Por isso, sempre observe e escute as miudezas, os sussurros.

Aprendi a prestar atenção nos detalhes. É ali que as pessoas se revelam. Não no discurso bonito, mas no jeito de tratar quem não pode retribuir, na forma de ouvir sem interromper ou querer impor sua verdade, no cuidado com aquilo que ninguém está vendo. O caráter costuma sussurrar antes de falar alto.

As menores atitudes desenham um mapa. Quem cumpre o combinado mesmo quando dá trabalho. Quem pede desculpas sem rodeio. Quem devolve o troco certo. Quem não expõe o que foi contado em confiança. Pequenos gestos vão se somando e, quando a gente vê, a pessoa já contou quem é.

Palavras importam, mas não se sustentam sozinhas. Promessas precisam de chão. Ações dão corpo ao que se diz. Quando alguém diz que valoriza o respeito, observo como trata o tempo alheio. Se fala de lealdade, reparo no modo como se refere a quem não está presente.

Se afirma que quer o bem, olho se consegue celebrar a conquista de outro sem diminuir a própria.

Também noto o que acontece nos momentos apertados. A pressa costuma arrancar máscaras. O cansaço encurta atalhos. É fácil ser gentil quando tudo vai bem. Difícil é não perder a medida quando algo contraria. Mesmo assim, é nesse terreno que a essência aparece com mais nitidez.

Observar miudezas não é vigiar o outro, é deixar de ignorar o óbvio. É escutar o tom, perceber a coerência, reconhecer padrões. Serve para aproximar e também para ajustar distância. Não para julgar, mas para escolher com critério os vínculos que queremos sustentar.

A vida é feita de detalhes. A confiança também. Quando a gente aprende a ouvir os sussurros, o coração se engana menos. Ficamos mais perto do que nos faz bem e mais protegidos do que nos desgasta. E isso, no fim, é um poderoso ato de cuidado com a própria paz.

* * *

Não espere pelo amor perfeito; abrace o amor real. O ideal é um espelho d'água; a verdadeira conexão está nas profundezas e não se contenta com quem tem medo de mergulhar.

Muita gente ainda espera pelo amor perfeito e, sem perceber, se afasta do amor real. O imaginado é vistoso, vem com cenas prontas e frases ensaiadas. O vivido é diferente. É o dia a dia que se constrói aos poucos. Não tem mágica.

O amor real não chega montado num cenário de cinema. Ele se revela em gestos repetidos e é possível que pareça menos emocionante do que a fantasia. Ainda assim, é aí que a conexão cresce de verdade. No cuidado que se renova, nas conversas que encontram lugar, nos acordos que organizam a casa.

Quanto mais pré-requisitos, mais distante o encontro. A cabeça fabrica castelos e o coração passa reto pelo que já está ao alcance. A obsessão por um ideal faz o simples perder o brilho e, quando isso acontece, a própria vida fica cinza. Você merece um amor bonito, sem dúvida. Mas será que a busca pelo cenário perfeito não está fazendo você deixar de enxergar amores possíveis que poderiam te fazer bem?

As pessoas não são perfeitas. São o que são. Amar começa quando se consegue olhar para o outro como ele existe, não como foi projetado. Quando a imagem cai, o vínculo amadurece. Há diferenças que pedem ajustes, limites que pedem cuidado, dias que pedem perdão. É nesse cotidiano que a ternura cria raiz.

Para encontrar esse amor, é preciso disposição para ir além da superfície. Mergulhar significa abrir espaço para conversas honestas, suportar silêncios, aprender a reparar. É menos deslumbramento e mais verdade. Menos controle e mais presença.

Não espere pelo amor impecável. Abra espaço para o possível e cuide bem do que já chegou. O ideal entretém por um momento, mas quase sempre acabam em decepção. O real, quando bem tratado, sustenta uma vida.

* * *

A perfeição atrai, mas não apaixona. São as pequenas falhas, assimetrias e esquisitices que capturam nossa imaginação e engancham nosso coração.

A ilusão da perfeição é eficiente, mas chata. A vitrine impecável prende o olhar por um instante e logo cansa. Tem muito brilho e pouco corpo. Nos dias de hoje, a gente aprende a polir tudo: fotos, respostas, pele, currículo. Só que a perfeição é uma superfície sem poros, sem conexão e alma. É nas pequenas irregularidades que a história respira e que o outro encontra lugar para tocar a gente.

O que engata o coração não é o impecável, é o particular. A risada que sai torta, a mania de falar com as plantas, a pequena cicatriz que conta história ou a péssima e incompressível mania de colocar ketchup na pizza. A imagem perfeita pode atrair, mas quem apaixona, quem faz ficar, é quem carrega suas contradições e pequenos desvios. É ali que a gente se vê e se sente visto; é ali que mora o espanto, o curioso e as perguntas que alimentam o desejo e o interesse.

Sempre digo que falhas e assimetrias são coordenadas de humanidade. Quando alguém se mostra inteiro, inclusive no que escapa a tudo o que foi planejado antes de sair de casa, nos diálogos que ensaiamos no chuveiro, a gente solta os ombros. A perfeição promete segurança, mas a paixão mora no risco leve de ser quem se é.

Não confunda capricho com perfeccionismo. O capricho é sobre cuidado, sobre querer ser nossa melhor versão. O perfeccionismo paralisa, aprisiona numa busca frenética cujo destino é impossível. Um melhora o mundo ao alcance da mão, e o outro transforma a vida numa auditoria infinita. Pergunta honesta: essa perfeição que você persegue te deixa mais disponível, mais vivo, mais amoroso? Ou te faz cansado, tenso, atrasado de si?

Ninguém se apaixona por alguém perfeito. Ou melhor: por acaso as pessoas que você mais ama são tão perfeitas como você se cobra ser?

* * *

O amor do outro é sempre bem-vindo e extremamente necessário, mas não pode ser uma resposta pronta para uma fenda emocional ou um vazio existencial.

Nunca vou me posicionar contra o amor. Uma relação afetiva pode trazer autoconhecimento, cura, prazer, aprendizado, sentido e muito mais. Mas vejo que muitas pessoas sofrem demais porque veem na parceria amorosa um atalho para tampar um vazio, preencher uma carência. Se a gente entrega ao outro a missão de nos salvar, coloca nas mãos dele um peso que não lhe pertence e que pode custar caro depois.

Carência pede autocuidado e escuta interna. Pede silêncio suficiente para nomear o que dói e paciência para organizar por dentro o que ficou abandonado, esquecido ou ignorado por tempo demais. A gente precisa limpar o terreno, tratar as feridas mais sensíveis e aprender a conviver com nossos vazios antes de jogar no outro expectativas inconscientes até para nós mesmos.

Ninguém vai nos salvar de feridas profundas, muitas vezes deixadas por nossos primeiros cuidadores, nossas primeiras experiências de abandono ou rejeição. Seria injusto esperar isso de alguém que certamente tem suas dores. Nem tudo ficará resolvido, mas dá para chegar mais inteiro e mais consciente para o encontro.

Quando cuidamos de nós, o amor encontra pouso mais manso. O outro não vira remendo, mas uma linda possibilidade de encontro. A relação deixa de ser tentativa de tampar buraco e passa a ser troca que sustenta. Também vale torcer para que o outro faça o mesmo. Dois que se cuidam projetam menos e acolhem melhor.

Ignorar o buraco só prolonga a fome. Quem busca alguém para tapá-lo repete a cena sempre que se frustra. Primeiro vem o olhar para dentro, depois, o convite para dividir a vida. Assim, o amor não precisa carregar o que não lhe pertence, e nós não nos perdemos tentando ser salvos.

Estar aberto ao amor é necessário. Preparado para recebê-lo, melhor ainda. Quando o cuidado próprio antecede o encontro, o que chega não vira uma obrigação de salvamento. Vira passeio a dois. E é desse lugar que o amor cresce sem ferir e nos faz voar, em vez de afundar.

* * *

Se bastar emocionalmente não significa fechar as portas para o amor do outro, mas garantir que a gente não se abandone no processo.

Outro dia ouvi alguém dizer, em voz alta, que se bastava emocionalmente. Soou forte. Mas, na minha cabeça, quem realmente se basta não exibe isso como medalha. Só vive mais em paz, sabendo o que sente e cuidando de si de forma profunda.

Evitar os vínculos pode ser uma atitude legítima em algumas fases, mas não deveria virar estilo de vida. Somos seres de encontro. Isolamento às vezes parece autonomia, mas muitas vezes é só desesperança disfarçada de independência. A solidão escolhida cura. A solidão defensiva endurece.

Virar um ermitão não é solução definitiva para dificuldades emocionais. Bastar-se emocionalmente não tem nada a ver com isolamento. Pelo contrário, tem a ver com a capacidade de amar sem transformar o outro em remédio. Quem tem saúde emocional entra numa relação com o coração aberto e com os pés no chão. Eu existo, o outro existe, a relação existe entre nós – e cada um segue responsável pelo que é seu. Quem se basta não terceiriza seu bem-estar, mas também não recusa o afeto que ajuda a respirar melhor.

Muita gente confunde gostar de ficar sozinho com amor-próprio. Vale perguntar com sinceridade: é amor ou é medo? Às vezes, a gente chama de "eu me basto" o escudo contra a possibilidade de sofrer. A ponte nem chega a ser construída e já é derrubada, e chamam isso de força. Força de verdade inclui a disposição de ser visto. Forte é quem se abre para sentir, para voar, sabendo que pode cair e sofrer.

Bastar-se é conseguir voltar para si quando algo balança, sem romper o vínculo. É colocar limites sem vingança, pedir cuidado sem vergonha, nomear necessidades sem exigir telepatia. Quem pratica isso não se abandona e, por isso, não precisa controlar tudo.

Pessoas inteiras e bem cuidadas não desistem do amor. Elas reconhecem o papel do outro na própria saúde emocional, mas não depositam no relacionamento a tarefa de resolver sua história. O afeto soma, amplia, dá horizonte. Não ocupa o lugar do próprio eixo.

Quando a vida te deixar sozinho, acolha o intervalo e aprenda o que for preciso. Quando te reapresentar o amor, deixa entrar com calma. Você continua inteiro ao abrir a porta. É assim que o encontro deixa de ser fuga e vira escolha. É assim que dois adultos se aproximam sem se perder.

* * *

O amor que vale a pena não é aquele que cabe na sua vida, e sim aquele que te mostra que a vida pode ser muito mais grandiosa e surpreendente do que você jamais imaginou.

Há amores que apenas se acomodam na rotina. São corretos, cabem no horário, não atrapalham. O amor que vale a pena aumenta o fôlego do dia. Com ou sem barulho, vai abrindo janelas por dentro, como quem acende uma luz e deixa o ambiente mais habitável.

Um encontro assim, que soma e expande, não faz da vida um mar de rosas, mas deixa as águas da vida mais doces, mais receptivas. Com um amor assim, dá vontade de aprender, de tentar, de cuidar melhor do que já existe. Não porque o outro exige, não por medo de ficar só, mas porque a presença do outro nos lembra do que é bom em nós.

Relações assim comportam dias comuns, serenos e até tediosos. Comportam também eventuais atritos e conversas difíceis.
A diferença está no jeito de voltar. Depois de um desencontro, a tentativa de reparar chega com delicadeza e a escuta vem antes das palavras. Não se perde tempo medindo forças, buscando a razão ou disputando poder. Procura-se um caminho que abrigue os dois.

O amor que vale a pena respeita limites e dá espaço para respirar. Não pede máscaras nem transforma afeto em teste. Ao lado dele, a gente se percebe inteiro, com um sossego que autoriza ser quem é. Os sonhos caminham juntos, mesmo se forem diferentes. Há espaço e generosidade para sonhos individuais e conjuntos.

Se para ficar é preciso se encolher sempre, talvez seja hora de rever o passo. Amor bom cuida sem apertar e aproxima sem prender, até a vida caber melhor no corpo. Quando isso acontece, a vontade é de permanecer. Não por obrigação, mas porque a vida, com esse encontro, fica maior e, ao mesmo tempo, mais simples. Ela cresce, mas ainda cabe porque, sem perceber, você também cresceu.

Simplicidade

A PAZ DE APRECIAR O SIMPLES

Simplicidade *aprecia o que está dado*, não só o que falta. Escolhe a leveza da rotina, valoriza os pequenos prazeres, encontra poesia no que é mundano.

Na prática, viver com simplicidade é saborear os *pequenos rituais*, a natureza, as pessoas comuns, os momentos corriqueiros. O simples é *discreto e despretensioso*, mas não é sem graça; tem um brilho suave e quente que acolhe e alimenta.

Buscar a simplicidade é *deixar que o ordinário revele o extraordinário* que estava sempre ali, esperando nosso olhar mais atento.

Simplificar é descomplicar para, assim, sentir mais, se encantar mais e precisar de menos para extrair muito, muito mais.

Entusiasmar-me é bom, claro, mas aninhar-me na paz que estou descobrindo nas conversas que tenho comigo antes de dormir é delicioso demais.

No final do dia, quando o mundo se aquieta, me recolho e começo a conversar comigo mesmo. Sem pressa nenhuma. Muitas vezes até em voz alta, olhando para os janelões que tenho aqui em casa. Pergunto o que doeu, o que foi bom, o que já pode descansar. Escuto respostas curtas, quase sussurros, que saem da minha própria boca. Às vezes é só um "foi suficiente por hoje", e isso basta.

Nessas horas, despido de orgulho e expectativas, percebo que não preciso me explicar. Deixo a cobrança do lado de fora e trato o coração com a gentileza que gostaria com que me tratassem. Peço perdão a mim por aquilo que não consegui, celebro um acerto pequeno, ajusto uma intenção para amanhã. Não é um ritual grandioso. É só um encontro honesto antes do sono.

O entusiasmo tem seu lugar e põe a vida em movimento, mas essa paz de fechar o dia em mim tem outro sabor. É um abrigo. O corpo solta a tensão, os ombros relaxam, a cabeça organiza o que importa, e o resto perde urgência. Durmo como quem assina um acordo silencioso com o presente e me entrego ao que vier.

Aos poucos, também aprendo a diminuir o volume da ansiedade. Nem tudo precisa de resposta hoje. Posso escolher o que levo para o travesseiro: menos controle, mais cuidado. Quando confio nisso, o sono vem mais manso e o amanhã deixa de ser ameaça. Preciso admitir que nem sempre consigo silenciar a pressa que habita em mim, a pressão por resultados e crescimento. Mas sigo tentando, e isso por si só já é imenso.

Gosto do que essa prática vai me ensinando. A estar por perto de mim. A falar comigo com respeito. A perceber que a vida fica mais clara quando eu encerro o dia com delicadeza. Entusiasmo me move, claro, mas essa paz me sustenta. E é nela que eu me aninho antes de apagar a luz.

* * *

Estar próximo de pessoas que emanam uma energia parecida com a nossa é uma das saídas mais bonitas para encontrar paz e vivenciar o amor-próprio.

Estar em sintonia com os outros muda a qualidade do dia. A conversa descansa, o silêncio não cutuca, o riso vem fácil. A gente não precisa fazer tradução simultânea de si mesmo. O corpo entende antes da cabeça se aquela pessoa é um lugar seguro para se estar.

Não é sobre pensar igual. Muitas vezes, nossas melhores companhias têm visões de mundo que, em algum aspecto, por menor que seja, difere da nossa. Essa qualidade que chamo de energia é mais sobre compartilhar um jeito de ser e estar no mundo que emana respeito, curiosidade e cuidado. Dá para medir isso em detalhes: como essa pessoa trata quem não pode retribuir, como fala de quem não está presente, como reage ao que é diferente. Onde existe respeito, nasce confiança. Com confiança, limites deixam de ser discussão e viram combinados simples. O ar circula melhor por dentro.

Perto de gente assim, a vigilância interna diminui. A palavra sai sem tanto filtro – e confesso que, hoje em dia, poucas coisas trazem tanto alívio quanto poder estar perto de alguém que não exige tanta autocensura. Vulnerabilidade não vira munição. Podemos revelar pensamentos e atitudes pouco louváveis sem medo de perder nossa humanidade. E podemos também escutar críticas e receber cutucadas de um lugar de receptividade, não de forma armada.

Nesses conversas, dá para aprender com o outro sem precisar vencer a discussão. O orgulho não entra em cena, porque o que vale é a troca, não o ego. O julgamento fica longe; a escuta, perto. E quando algo desanda, em vez de romper surge o desejo de reparar. Quando a energia bate, há vontade genuína de não perder a candura da relação.

Escolher as companhias por essa sintonia não é sinônimo de construir uma bolha. É uma estratégia de higiene emocional, de prevenir atritos e zelar pelo bem-estar de si e do outro. É aproximar-se do que nos amplia e ajustar a distância daquelas pessoas que nos fazem encolher.

Nessa proximidade com pessoas dispostas também a escutar e crescer junto, a paz deixa de ser promessa de verão e se torna uma prática diária. O amor-próprio cria raízes porque é acolhido no olhar do outro e confirmado no nosso. A pele fica mais habitável, e a nossa presença, mesmo que imperfeita, passa a ser suficiente.

* * *

O coração necessita de momentos serenos para continuar; até o mar precisa se acalmar para refletir a luz do luar.

Há noites em que o corpo aprende com o mar. As ondas diminuem o passo, a arrebentação se afasta um pouco da areia, o sal fica mais doce no ar. É como se a água recolhesse a pressa para ouvir o próprio fundo.

O coração precisa desses intervalos. Entre um pensamento e outro, um silêncio. Entre um medo e outro, um respiro. Paz não é ausência de vida, é encontrar um ritmo que não machuca. Quando o compasso desacelera, as coisas voltam ao lugar certo dentro da gente.

O mar ensina com uma delicadeza antiga, pois só quando a superfície se aquieta é que a luz encontra espelho. A lua não força passagem. Ela espera a hora em que a água se torna clara o bastante para refletir o que já está no céu.

Também é assim por dentro. Quando a mente desarma os ruídos, quando a vontade de resolver tudo agora baixa a guarda, aparece um brilho simples. Não é euforia. É nitidez. A lembrança boa ganha contorno, a saudade encontra nome, a esperança deixa de ser rumor e vira caminho.

Talvez a paz seja um abrigo que a gente visita para continuar. Encostar a cabeça, sentir o peito abrir, aceitar que o dia pode terminar sem grande euforia. Amanhã o mar se levanta de novo, como sempre, e o amanhecer se encarrega do que ficou por curar. Simples assim.

* * *

Muitas vezes, a alegria aumenta não com novas conquistas, mas com a capacidade de perceber cada vez mais a felicidade que já está por perto.

É ilusão acreditar que a felicidade aumenta apenas somando conquistas: promoções, dinheiro, fama, status, família, prestígio. Muitas vezes, ela aumenta quando afinamos o olhar para o que já está aqui. A felicidade costuma estar por perto, discreta, esperando que a gente chegue e dê a devida atenção. Não é um prêmio escondido no amanhã, é um presente que aparece quando a atenção repousa no agora.

A ansiedade vende a ideia de que será feliz quem busca ir mais longe, quem está sempre com o foco no próximo passo. Essa lógica transforma tudo em provisório. E, sem querer, a vida fica solitária. Quando só o novo vale, nada dura tempo suficiente para criar raiz.

Sensibilidade é o músculo que faz a alegria crescer sem barulho. É a capacidade de perceber a conversa que alimenta, o trabalho que faz sentido, o cuidado que recebemos sem alarde, a luz que atravessa a tarde e melhora o humor. Isso não vai transformar a vida num romance eterno, mas nos ajuda a reconhecer o valor do que sustenta o dia quando não há euforia.

Quanto menos esperamos que a felicidade chegue como um grande acontecimento, mais ela aparece nos intervalos. A gratidão deixa de ser discurso e vira prática silenciosa. O que parecia comum revela textura. E, de repente, o suficiente se mostra vasto.

A alegria se expande quando a gente aprende a perceber o que já nos pertence. Colecionar conquistas é legal, mas o que adianta o futuro se você não souber cultivar o que realmente te alimenta?

Por isso, em vez de estar sempre mirando o amanhã, volte os sentido para o hoje. O resto, quando vier, será adorno. O essencial já está aqui.

* * *

Ter ao lado alguém que nos faça rir é ter um remédio diário para nos curar da confusão que há dentro de nós.

Há dias em que tudo fica desalinhado por dentro. É bom ter por perto alguém que puxa um riso da gente. Um riso desses ajeita alguma coisa na hora, como quando a gente abre a janela do quarto e o ar muda. O dia fica mais fácil de atravessar.

Com essa pessoa, a conversa não pede ensaio das palavras no chuveiro. A gente fala do jeito que vem, tropeça numa palavra, ri junto e segue.

Não existe cobrança para parecer incrível. Existe espaço para ser. Dá para falar do que pesa e do que é bobo na mesma ligação. Dá para mudar de ideia no meio da frase. Dá para ficar em silêncio sem pressa e, ainda assim, se sentir acompanhado. O pensamento encontra um lugar onde pousar, e o coração desacelera.

Esses vínculos nascem do pequeno. Um café rápido depois do trabalho. Uma caminhada pelo quarteirão. Às vezes, cozinhar lado a lado já resolve mais do que mil conselhos. É presença que não exige performance.

Se você tem alguém assim, cuide. Mande mensagem, combine encontros simples, apareça quando for sua vez de oferecer leveza. E tente ser essa pessoa para alguém também. Ser bem-vindo como a gente é funciona como remédio de uso diário. Com esse tipo de companhia a vida continua com seus altos e baixos, só que o caminho fica menos íngreme. A gente lembra que não precisa carregar tudo sozinho.

Rir com quem nos entende é um jeito simples e poderoso de cuidar de nós mesmos.

* * *

Não desejar muita coisa não significa falta de ambição. Na verdade, quem só corre atrás de ganhos materiais é que sonha pequeno.

E se não desejar tanta coisa for um ato de coragem? Às vezes, a gente acumula metas só para estar em constante movimento, deixa a agenda ficar lotada para se sentir importante e enche o carrinho de compras em troca de mais status ou pertencimento. Mas será que a gente quer mesmo tudo isso ou só tem medo do vazio quando não há tarefa para se esconder? Onde a gente quer chegar, de fato? Será que todo esse movimento é desejo genuíno ou é apenas fuga?

Vale a pena se perguntar para onde a corrida por mais números, mais compras, mais aplausos digitais vai te levar. Quantos dígitos compram o silêncio interior? Qual métrica mede um domingo em paz? Se você desligar o barulho das notificações e apagar a luz da vitrine, o que permanece de pé?

Talvez, chamar de ambição seja, muitas vezes, batizar a própria fuga. Corre-se para não pensar, marca-se compromisso para não sentir, empilha-se objetos e projetos para não encarar a pergunta central: qual o sentido de tudo isso?

Preço se soma com calculadora, mas valor exige alma. Experimente inverter a régua. E se ambição grande for sustentar poucos desejos verdadeiros, suportar o intervalo sem aplauso, dizer não a oportunidades vistosas que nos desviam do rumo? E se consistência silenciosa for mais revolucionária do que mais uma estreia apressada?

Se você passou a vida absorvendo os valores alheios, talvez seja difícil se conectar com os desejos genuínos da sua alma: com aquilo que, mesmo sem fazer sentido racional, parece fazer sentido para o seu corpo todo. Aquilo que desperta sua curiosidade, no qual você quer colocar esforço real, onde você quer estar e se desenvolver, mesmo sem testemunha.

É hora de se perguntar: quais desejos são meus e quais foram alugados do mundo? O que me devolve inteireza quando não há novidade para exibir? Responder pode demorar um pouco, e talvez doa também, mas pode dar uma calibrada no seu compasso. Reorganiza os afetos, realinha as prioridades para que tudo fique um pouco mais simples. Mais verdadeiro. Mais leve.

Desejar menos não empobrece; deixa a vida mais próxima do que é real. Devolve autoria ao passo, profundidade ao dia, critério ao olhar. O dinheiro e as conquistas seguem bem-vindos, só deixam de governar. E você volta a viver com mais inteireza e propósito, em vez de só seguir um roteiro escrito por pessoas que, muitas vezes, nem te conhecem.

* * *

A vida presta não porque de vez em quando coisas boas acontecem. Ela presta porque, um dia, descobrimos como cultivar nosso terreno interno para que coisas lindas possam brotar.

Está na moda dizer que "a vida presta". Em geral, é quando algo muito legal acontece, tipo um filme brasileiro ganhando o Oscar de Melhor Filme Estrangeiro ou qualquer outra dádiva recebida de vez em nunca. Surpresas bem-vindas são maravilhosas, mas prefiro pensar que a vida não presta por causa de um golpe de sorte ou mesmo uma conquista batalhada e merecida.

Acredito que a vida presta porque nós somos capazes de sentir encantamento e gratidão pelo simples. O simples é uma semente que está lá, às vezes escondida, muitas vezes inexpressiva, mas que floresce com a nossa capacidade de apreciá-la. Ao jogar nela a luz da nossa atenção e regá-la com nosso afeto, a simples semente brota e vira jardim.

Para ser capaz de apreciar o simples, eu preciso fazer uma manutenção interna. Nada grandioso. Só uma arrumação de ritmo, um jeito mais gentil de se tratar, um cuidado com o que eu deixo entrar.

De manhã, eu abro a janela e deixo trocar o ar. Tomo café sentado, sem pressa de vencer o dia antes de o dia começar. Escolho uma coisa só para fazer primeiro e busco fazer bem-feito. Nos dias ruins, eu diminuo a cobrança. Cumpro o básico, descanso assim que der, falo menos alto comigo. Não tento resolver a vida inteira numa tarde. Aceito que há horas de maré baixa e que isso não me define.

Cuido também da minha energia, pois sei que ela não é autorrenovável. Digo alguns nãos sem culpa. Mudo de assunto quando a conversa me encolhe. Silencio o que me agita sem motivo. Telefone longe na primeira hora do dia ajuda. Água, sol no rosto, um parágrafo lido com atenção. Pequenos acordos que, somados, me devolvem para perto de mim.

Quando faço isso, não fico esperando um acontecimento excepcional para acreditar que estou bem. O cotidiano ganha textura. Uma ideia aparece do nada no banho. A risada vem fácil numa ligação simples. Surge vontade de cozinhar algo gostoso. Coisas assim, miúdas, começam a brotar porque o solo está nutrido.

A vida presta quando eu viro jardineiro de mim. Nem tudo floresce ao mesmo tempo, eu sei. Ainda assim, uma paz discreta se instala e abre espaço para o bonito acontecer. E, de repente, sem alarde, eu percebo: não foi o mundo que mudou, fui eu que aprendi a colher beleza das mais simples sementes.

Palavras finais

Sempre que escrevo as últimas páginas de um livro, eu me emociono. Sozinho em casa, vejo pela generosa janela do meu escritório o ir e vir dos faróis vermelhos e brancos, e saboreio as últimas palavras brotando na tela. Fico emocionado porque sinto que mais um ciclo se encerra e, claro, porque sempre fui de emoções fáceis. E, por mais que muitos se afastem dessa sensibilidade, eu, ao contrário, temo perdê-la. Alegra-me perceber que ainda me comovo com o que nasce de mim.

Penso também em quem vai receber estas páginas. Lembro das noites em que a dúvida queria mais espaço que a esperança e, mesmo assim, uma linha insistiu em nascer, me mostrando um caminho. Lembro das mensagens que já recebi dizendo "parecia que você estava aqui", dos abraços depois de uma palestra, do silêncio cálido que perdura após um encontro com um leitor. Enquanto escrevia, desejei que este livro fosse isso para você: um lugar de descanso no meio do dia, uma companhia para te lembrar do essencial quando a pressa insiste em te tirar do presente.

Ao virar a última página deste livro, o que eu gostaria que você guardasse no seu íntimo, sobretudo nos diálogos que terá consigo mesmo, é o convite para se aproximar mais da sua alma, da sua essência, que é única, especial e necessária. Não se deixe levar pela lógica da performance, que sempre quer tudo mais rápido, que tem uma ideia fixa e limitada sobre o que é certo, desejável, ideal. Permita-se o seu tempo, abrace o seu ritmo, aceite suas limitações. Sempre que possível, confie na capacidade de se surpreender positivamente – não apenas com a vida, mas com você mesmo.

O universo tem um jeito peculiar e delicado de distribuir vivências, conquistas e ensinamentos. Não se despedace para cumprir sonhos que não são seus; acalme-se. Numa sociedade com tantas exigências, talvez o maior gesto de amor-próprio seja aprender a serenar em si mesmo, repousar no próprio eu e se permitir existir, apenas.

Nesses tempos frenéticos, muita coisa vai tentar te tirar do caminho da calma. Nessa hora, é bom lembrar que você é capaz de direcionar suas emoções para lugares mais saudáveis. É aí que mora a sabedoria: não no controle rígido dos sentimentos, e sim no direcionamento dos pensamentos para um quarto imaginário regado de conversas sábias, doces e conscientes. Quando isso se torna prática, a gente entende que calma e alma andam de mãos dadas... E, felizmente, são um caminho sem volta.

Publicado por Maquinaria Editorial.

Impresso em Pólen Bold 70gm^2 na gráfica Viena em outubro de 2025.